亲密接触

丝路国家（六）

QINMI JIECHU SILU GUOJIA

丛书主编 / 王义桅

分册主编 / 王丽丽　李懿磊

新世界出版社
NEW WORLD PRESS

图书在版编目（CIP）数据

亲密接触丝路国家. 六 / 王丽丽，李懿磊分册主编. --北京 : 新世界出版社，2018.2（2021.2重印）
（“一带一路”读本 / 王义桅主编）
ISBN 978-7-5104-6289-4

Ⅰ. ①亲… Ⅱ. ①王… ②李… Ⅲ. ①“一带一路”－国际合作－青少年读物 Ⅳ. ①F125-49

中国版本图书馆CIP数据核字(2018)第005860号

亲密接触丝路国家（六）

分册主编：王丽丽　李懿磊
责任编辑：曲衍立
责任印制：王宝根　章莹莹
出版发行：新世界出版社
社　　址：北京西城区百万庄大街24号(100037)
发 行 部：(010)6899 5968　(010)6899 8705（传真）
总 编 室：(010)6899 5424　(010)6832 6679（传真）
网　　址：http://www.nwp.cn
http://www.nwp.com.cn
版 权 部：+8610 6899 6306
版权部电子信箱：nwpcd@sina.com
印　　刷：合肥华云印务有限责任公司
经　　销：新华书店
开　　本：787mm×1092mm 1/16
字　　数：70千字　　印　　张：4.75
版　　次：2018年2月第1版　2021年2月第4次印刷
书　　号：ISBN 978-7-5104-6289-4
审 图 号：GS（2018）3696号
定　　价：13.50元

我们与收入本书的作品（包括图片、画作）的作者进行了广泛联系，得到了他们的大力支持，对此我们表示衷心感谢。但仍有部分作者未能联系上，烦请作者与我们联系，以便支付稿酬。

前　言

同学们，今天，如果你们去欧洲、非洲的国家旅游，会选择什么样的交通工具呢?

是飞机，是火车，还是豪华游轮?

不管选择哪一种，便捷高效的交通，都将远在天边的国家，变得似乎近在咫尺，也将我们的地球，变成了一个地球村。

但是，你们有没有想过，在古代，陆上丝绸之路上黄沙漫天，马儿和骆驼驮着我们的使者，一步步走向西域；海上丝绸之路上海浪翻滚，水手驾着木质的帆船，乘风破浪，历尽千辛，驶向遥远的彼方。在他们眼里，世界是那么大，路途是那么远。

是什么，让他们勇于踏上征程?他们的行囊里有什么珍贵宝藏?遥远的国度又是何等模样?

是什么，让他们拍手称奇，让他们停下脚步，沉醉在异国他乡?

又是什么，跟随着西去东来者的脚步，在异国他乡留下自己的印记，又或是落地生根，盛开文明之花?

这套书会一一为你解答。

漫漫丝路，孕育的不仅仅是一片片繁荣的乐土，还有“和平合作、开放包容、互学互鉴、互利共赢”的丝路精神。放眼今日，也许曾经喧闹的商路已经变得人迹罕至，也许曾经繁华的市镇已经变了模样，但是丝路精神，依旧长盛不衰，源远流长。它融进了21世纪“一带一路”的建设中，为古代丝绸之路注入新的活力。

假期伊始，我们的小主人公洋洋和丫丫，跟随着博学多识的卡尔叔叔，开启了一段别开生面的丝路之旅。爱好阅读的洋洋，这次不仅要读万卷书，也要行万里路了！对世界充满好奇的丫丫，在沿途又会有什么新的发现呢？

快和我们的主人公一起，去探访丝路上的秘密，看看古代丝路商旅、使者眼中的世界，感受这条千年商路的变迁。在图文并茂的阅读体验中，开阔眼界，增长知识；在“知识链接”的帮助下，排疑解难，加深理解；在“课后思考”的指引下，深入思考，探寻真知。

还等什么，快打开这本书吧！

目录

第一课　一衣带水的邻邦——日本（一）　1

第二课　一衣带水的邻邦——日本（二）　8

第三课　一衣带水的邻邦——日本（三）　18

第四课　神秘的南方大陆——澳大利亚（一）　27

第五课　神秘的南方大陆——澳大利亚（二）　38

第六课　长白云之乡——新西兰（一）　44

第七课　长白云之乡——新西兰（二）　50

第八课　寻找七色海——太平洋的美丽岛国（一）　56

第九课　寻找七色海——太平洋的美丽岛国（二）　64

第一课　一衣带水的邻邦——日本（一）

离开了韩国，卡尔叔叔一行人继续在校长的谜题的指引下，探访和丝绸之路有关的国家。提示音响起，校长的邮件如期而至，这一次，又有什么新奇之事等待着他们呢？

勇敢的小探秘者：

“翘首望东天，神驰奈良边。三笠山顶上，想又皎月圆。”

远在异乡的你们，现在有没有想家呀？

开篇的这一首诗就是一首思乡诗，这首诗的作者思念的家乡在何处呢？他最后回去了吗？

请探访这位诗人的家乡，并找到照片中对应的地方，听一听那里的故事。

校长

照片上一幢古朴的中国风建筑坐落在雅致的庭院中，在苍柏的遮掩和衬托下，更显肃穆。两个孩子欣赏着，研究着，然而在他们的脑海中并没有搜寻出有关这座建筑的信息。他们望向卡尔叔叔，只见卡尔叔叔嘴角上扬，一副了然于胸的样子，说道：“孩子们，我们下一个目的地，可是一个充满了古代中国元素的地方。”

“东京”的故事

天朗气清，卡尔叔叔一行人在飞机上俯瞰这个岛国，曲曲折折的海岸线，连起了北海道、本州、四国、九州四座岛屿，像一弯新月镶嵌在太平洋之西。新鲜的美食、樱花与温泉、和服与茶道，都是让这个国家享誉海内外的明信片。接下来，等待卡尔叔叔一行人的又会是什么呢？

下了飞机，一行人乘坐地铁，几经辗转，在新宿站下车。此时已是傍晚时分，大街上人头攒动，时尚靓丽的女生们谈笑风生，身穿西装的男人们行色匆匆；购物商厦门口，拎着大包小包的购物者进进出出，脸上洋溢着心满意足的笑容。华灯初上，光怪陆离的霓虹，顺着摩天大楼直入天空，璀璨（cuǐ càn）得让星星都褪去了亮色。洋洋和丫丫看着眼前的一切，有些紧张地站在卡尔叔叔身边。

东京夜景

“这就是日本的首都——东京，一个与美国纽约、英国伦敦并列为‘三大世界级城市’的地方。”卡尔叔叔紧紧牵着洋洋和丫丫的手，说道，“你们牵好我的手，可别走丢了。”

丫丫看着眼前这座国际化大都市，似乎和她心目中的样子不太一样，噘着小嘴问道：“卡尔叔叔，您不是说我们要去一个有很多古代中国元素的地方吗？东京看起来太国际化了！”

“丫丫不要着急，东京只是我们这次日本之旅的一个中转站，我们从这里出发，去探访日本历史悠久的古都，那里一定会满足你对古代中国元素的向往。”

卡尔叔叔微笑着答道。

“咦，历史上东京不是日本的首都吗？”洋洋问道。

“并不一直都是。东京的历史要追溯到400多年前，1603年，一位名叫德川家康的大将军在这里建立了德川幕府，由此开启了东京的繁荣模式，不过那个时候的东京不叫‘东京’，叫作‘江户’。”

东京皇居前的二重桥

知识链接——幕府

幕府这个词始自于古代汉语，指将领出征时，商议军政大事的军帐。但在日本，这个词慢慢演变成了一种政治体制的名字。幕府由封建武士组成，武士首脑被称为征夷大将军。幕府时期始于1185年终于1867年，共经历了镰仓幕府、室町幕府、德川幕府三个时期。

日本的君主被称为天皇，但是在幕府政治下，幕府的权力一度凌驾于天皇之上，日本天皇成为傀儡，幕府成为实际的政治中心。

“那江户什么时候改名叫东京的呢？又是什么时候成为日本的首都的呢？”丫丫连连追问。

“江户成为日本的首都并更名为东京，都发生在日本的明治时期（1868—1912）。明治时期，日本发生了一件大事——明治维新。”卡尔叔叔一边回答着，一边带着洋洋和丫丫找吃饭的地方。

“啊，我知道！我在书上看过有关明治维新的内容，书上说经过这场改革运动，日本逐渐跻身于世界强国之列。”洋洋抢着说道。

卡尔叔叔点点头，说道：“没错！在明治维新之前，德川幕府统治下的日本由于统治者的盘剥和压榨，世态艰难，民不聊生。对外，德川幕府实行闭关锁国政策，将日本通向世界的大门死死关上。然而欧美侵略者却不请自来，它们相继入侵日本，强迫德川幕府签订了一系列不平等条约，这使日本陷入了严重的民族危机之中。不堪忍受幕府统治和外国侵略者压迫的日本民众纷纷要求‘富国强兵’，旨在推翻幕府统治的‘倒幕运动’便轰轰烈烈地开始了。”

黑船事件：美国以炮舰威逼日本打开国门

“推翻幕府？那推翻了以后谁统治日本呢？”丫丫问道。

“我们已经知道了，幕府统治时期，幕府的权力是凌驾于天皇之上的，这次推翻幕府统治，就是要把权力还给天皇。随着倒幕运动的成功，权力回归到了当时的天皇——睦仁手中，随后睦仁天皇将年号定为明治，并把江户更名为东京，并将首都迁移至此。在他的率领下，明治维新轰轰烈烈地展开了，从政治制度、科学技术、文化教育，到风俗习惯、日常生活，日本无一不向欧美学习，进行了一系列改革，国力日趋强盛。”卡尔叔叔解释道。

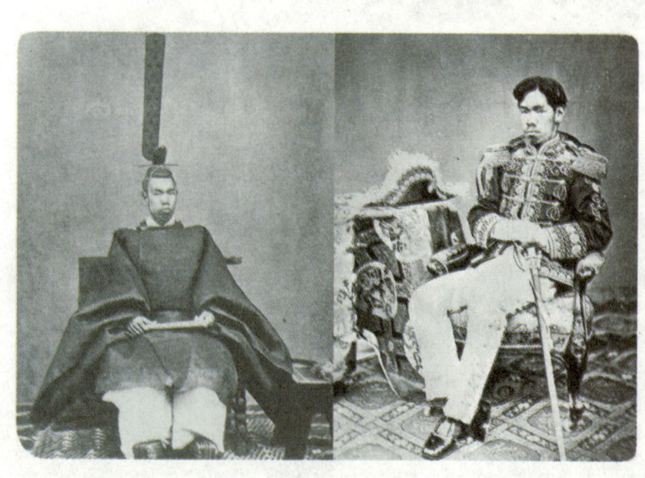

明治天皇

“倒幕运动、明治维新，原来东京这个名字是伴随着如此多的大事诞生的啊！”洋洋感叹道。

明治时期的日本

生着吃的美味

三个人一边讲一边走，夜色下炫目的霓虹早把三人照得晕头转向，此时正好路过一家寿司店，饥肠辘辘的三个人决定先把肚子填饱。

三人落座，看着传送带上一份份诱人的寿司，挑花了眼似的不知道该吃哪个。不过，看了一圈，洋洋和丫丫发现食物几乎都是生的，这和他们平时吃的大不一样。

看到有些犹豫的孩子，卡尔叔叔哈哈笑道："不要怕，日本四面环海，盛产鲜美的海味，所以他们主要的食材是海鲜。而且他们认为只有生着吃，才可以品味到海鲜的鲜美，并且可以最大限度保留营养。日本料理非常清淡，可以说是非常健康的饮食，如果觉得没有味道，可以蘸一些酱油和芥末。"说着，卡尔叔叔拿起一个三文鱼寿司，沾了点酱油，送进了嘴里。

寿司

看到卡尔叔叔一脸享受的样子，两个孩子也迫不及待地开始享受美味。新鲜的寿司，打开了孩子们的味蕾，让两个孩子吃得根本停不下来。洋洋更是一下子从传送带上取下很多食物。

"洋洋，你拿了这么多可要都吃了哦，剩饭剩菜可是不尊重做饭的人的行为。"卡尔叔叔说完又有点自责，觉得吃饭前没有交代清楚，"怪我没有告诉你

们，在日本，人们点菜不喜欢点太多，一般一边吃一边点，必须都吃光。而且，因为很多食物都是生的，容易滋生细菌，所以是不允许打包的。”

洋洋挠着脑袋不知如何是好：“天哪，我努力吃完！丫丫，你帮帮我。”

知识链接——日本用餐礼仪

日本人吃饭前，会双手合掌，筷子夹在拇指与食指之间，说：“我开始吃啦！”以表示对生产粮食的农民伯伯和烹饪美食的人的感谢。

吃饭时，日本人会将饭碗拿起来吃。从大碗里取食物时，他们会用公用的筷子和汤匙，不会用自己的餐具取餐。

日本人会将碗里的饭吃干净，一粒米都不剩。对他们而言这是一种尊重劳动、珍惜粮食的表现。

客居他乡的汉字

肚子填饱之后，幸得寿司店老板的指路，一行人顺利到达宾馆。在宾馆里，卡尔叔叔研究着明天的交通路线，洋洋拿出一本日语速成，咿咿呀呀念了起来。“卡尔叔叔，日语里为什么有那么多汉字呢？难不成和古代朝鲜一样，借用中国的汉字？”

卡尔叔叔点点头：“没错，很久以前日本并没有自己的文字，对于汉字的大量系统传入，大家比较认可的是在唐朝，汉字由中国传到朝鲜半岛，然后又传入日本。汉字传入后，便出现了书写时使用汉语，平时说话用日语这种情况。

日本的古代书籍或古代公文，皆以汉字写成。但由于古代汉语很难理解，加上汉字笔画又多，对当时的日本人来说，非常难学，人们便以汉字为基础创造了假名。不过假名的使用，直到明治维新之后，才被推广开来。汉字在日本这几百年的使用中，已经深入到日本人的文化、生活与习惯当中，与假名一起承担着记录日本历史文化的任务，所以在汉字与假名的取舍问题上，日本采用了保留大量汉字的方法。而且汉字和假名混在一起交流起来高效方便，所以日本人一直喜欢用汉字。不过要注意啊，很多汉字传入日本后，已经不再是我们认为的意思啦。”

知识链接——假名

汉字笔画比较复杂，对于日本平民百姓而言，想学好可真不是一件容易的事情。于是日本人研究出了简单易写的假名。

假名分两种，片假名和平假名，它们的发明也由汉字演化而来，片假名是由汉字楷体的偏旁发展而来，平假名则是由草体汉字发展而来。比如代表a读音的片假名“ア”来自于“阿”，平假名“あ”来自于“安”，代表i读音的片假名“イ”和平假名“い”分别来自汉语的“伊”和“以”。

“原来中国文化向东传递不仅是到达了朝鲜半岛啊，它还继续向东传到了日本。”丫丫颇有心得地说。

“没错，朝鲜半岛是古代丝绸之路上的一个重要的枢纽，很多向东去的商队、使者都把朝鲜作为中转站，然后到达日本。也有很多从日本来的学者，在朝鲜停留，汲取汉文化呢！”卡尔叔叔摊开日本地图说，“让我们看看明天我们要去的地方吧！”

课后思考

1 除了寿司，你还吃过哪些日本的美食？说说它们的滋味。

2 你平时接触过日语吗？说说你接触过的日语中的汉字和中国的汉字有什么不同。

第二课　一衣带水的邻邦——日本（二）

西行的使者

一行人坐上了开往奈良的新干线列车，远处巍峨高大的富士山，仿佛是这个城市不变的布景，映衬着列车穿越繁华的闹市，越过僻静的小巷。听说春日樱花烂漫时，山与花相映，城市会变得更美。两个孩子想象着，鼻尖仿佛还能嗅到樱花的芬芳。

卡尔叔叔为孩子们解释此行选择奈良作为目的地的原因："东京作为日本首都的时间并不长，那你们知道一千多年前日本的首都是哪里吗？"

"难道是接下来我们要去的奈良？"丫丫猜测道。

卡尔叔叔点点头，说道："没错，奈良在710年至794年，曾是日本的首都，称为'平城京'。校长引用的那首诗的作者，他的家乡，就是奈良。"

"那他是日本人？居然还有会写古诗的日本人！？"洋洋和丫丫惊讶地说道。"那个人是谁？"洋洋接着问道。

春日富士山美景

“那个人你们可能不熟悉，但是，他的身份，你们一定听说过。”卡尔叔叔卖了个关子，“遣唐使这个名字，你们熟悉吗？”

洋洋抢答道：“我知道！那是日本在唐朝时派往中国学习中国文化的使节。和我们在韩国时了解到的新罗的留学生差不多，不同的是，日本所派的遣唐使人数特别多，次数也特别多。”

阿倍仲麻吕

“是啊，前后十几次的派遣，每次多达百人甚至几百人的规模，堪称中日交往的盛举。中国的许多律令制度、文学艺术、科学技术以及风俗习惯等，通过遣唐使传入日本，影响了当时的日本。”卡尔叔叔说，“在这些人中，有一个人尤为特别，他不仅学得中国的文化，而且还融入当时中国的士大夫阶层，他啊，就是著名的遣唐使——阿倍仲麻吕。我们要去的奈良，就是他的家乡，也就是他思念的地方。”

历史悠久的奈良，古朴中散发着浓浓的文化气息，它曾是日本的都城，是日本古代文化发祥地之一，被日本国民视为“精神故乡”。这座城市有多得数不清的文化遗产，从这些典雅精致的庙宇神殿、亭阁楼宇中，我们甚至可以再次感受到大唐盛世的繁荣，感受到汉文化与奈良时代的日本文化擦出的火花，感受到那个友好的年代，西行的使者用生命换回的文明洗礼。

丫丫一边看风景，一边思考着，问道："听您说，阿倍仲麻吕在中国的生活过得挺不错的，他为什么那么思念他的故乡呢？难不成他在中国待了好几年？"

"岂止岂止，阿倍仲麻吕来到唐朝都城长安时年仅 19 岁，你知道他离开时多大年纪了吗？"卡尔叔叔问丫丫。

"唐诗都会写了，肯定在中国待了很多年吧，我猜猜，39 岁？"丫丫伸出手指说。

"错啦错啦，是 56 岁！"卡尔叔叔看着两个孩子惊讶的表情，笑着说道，"三十七年啊，阿倍仲麻吕在唐朝为官，皇帝都经历了三代了，你说他能不想家吗？"

洋洋在惊讶之余想起校长在邮件里的问题，他马上问道："那阿倍仲麻吕成功回到奈良了吗？"

"从中国回到日本，这在当时谈何容易，我们的大诗人李白，曾经为阿倍仲麻吕这次归日写了一首诗，名叫《哭晁卿衡》，晁衡就是阿倍仲麻吕的中文名字。"卡尔叔叔说到动情之处，情不自禁地诵起了诗，"日本晁卿辞帝都，征帆一片绕蓬壶。明月不归沉碧海，白云愁色满苍梧。"

"李白因为他要走了，所以哭了，他们的感情真好啊。"丫丫一脸认真地说。

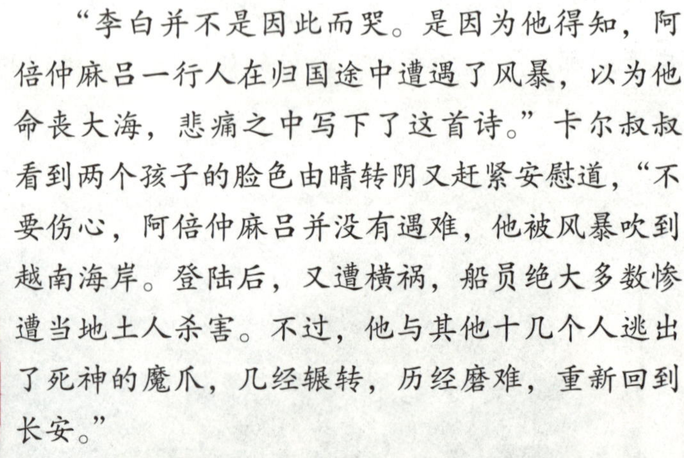

"李白并不是因此而哭。是因为他得知，阿倍仲麻吕一行人在归国途中遭遇了风暴，以为他命丧大海，悲痛之中写下了这首诗。"卡尔叔叔看到两个孩子的脸色由晴转阴又赶紧安慰道，"不要伤心，阿倍仲麻吕并没有遇难，他被风暴吹到越南海岸。登陆后，又遭横祸，船员绝大多数惨遭当地土人杀害。不过，他与其他十几个人逃出了死神的魔爪，几经辗转，历经磨难，重新回到长安。"

听到这里，丫丫和洋洋都长舒一口气，"也就是说这次阿倍仲麻吕的归日之行失败了，那他之后有没有再次尝试呢？"丫丫问道。

卡尔叔叔摇摇头说道："在那之后，阿倍仲麻吕继续在唐朝做官直到去世，这位东来的使者，归乡梦未圆，但他却在中日交往中，留下了浓墨重彩的一笔。

阿倍仲麻吕纪念碑

东渡的圣人

“卡尔叔叔，遣唐使真勇敢，明知有那么多艰难险阻，却从没放弃过对汉文化的追求。”洋洋赞叹道。

“勇敢的不仅仅是日本的遣唐使，我们中国也有东渡的使者。而且，这位使者和我们接下来要去的地方，以及这个照片上的佛寺有着重要的关系。”

“卡尔叔叔，原来您已经知道照片上的寺庙是哪儿啦！”

“那是，看第一眼时我就知道了，这可是大名鼎鼎的唐招提寺。”

自奈良城中坐电车西行，到达西京之地，寺塔在白云苍梧之间时隐时现。迈过一条清浅的川流，唐招提寺的正南门就在眼前。这座寺庙远离尘嚣闹市，虽无城中官造寺庙的堂皇，却独有一种恢宏庄严的气度。奈良时代的平城宫已在千余年朝代更迭中落得只剩遗址，而唐招提寺的金堂仍屹立于此。

唐招提寺

“孩子们，你们知道吗，建造这座宫殿的人，当年也在阿倍仲麻吕东渡的船队中。他也一样，遭遇了风暴，不过他们的船得以闯出风暴，以半漂流的方式到达日本。”

“那他可真是个幸运儿，他是谁？”丫丫追问道。

卡尔叔叔拍拍丫丫的小脑袋，说道：“他是鉴真，是我们唐朝的一名高僧。他啊，可不是什么幸运儿……”

知识链接——鉴真东渡的原因

在古代，只有按一定仪式发誓接受一定戒律的人，才能成为僧侣或居士，即完整意义的佛教徒。戒律传授需由德学兼备的高僧设立专门的传戒道场，将所有戒律逐条详解，并逐一询问受戒者能否做到，仪式颇为繁复。那个时候的日本虽然受到唐朝文化很大的影响，但制度、律法方面均较混杂，并无定式，也不具备主持受戒会资格的高僧。于是，733年，日本僧人荣睿、普照随遣唐使入唐，访求高僧赴日传授戒律。访求十年，决定邀请鉴真。

时间回溯，1200多年前的唐朝码头，一位年事已高的僧人，面朝大海，海风带来的咸湿，让他回想起一幕幕令人战栗的画面：那被狂风卷起的黑色巨口，吞噬一切般地扑向东渡船队，四散的船队在汪洋中伶仃漂泊，起伏无依。那种渺小感带来的恐惧，那种不知漂向何处带来的绝望，依然历历在目，虽然此时他已双目失明。

但他的表情却是坚毅的，这是他第六次挑战这片拦在两国之间的海域，漫漫十几年，此时的他已是皱纹满面的66岁老者。然而，天阻又怎样，既已一心向佛，传授佛法之事岂不大于生命？他一把揽回被海风鼓起的袈裟，毅然决然地登上东渡的船队。

鉴真东渡

艰难是注定的，暴风呼啸而至，海水如发了狂的猛兽再次袭击了船队，与他同行的阿倍仲麻吕的船消失在狂风暴雨之中。然而此时的他无所畏惧，在狂澜之中咬紧牙关。

风平浪静后，船像一片枯叶漂泊在茫茫大海。不知过了多少个日日夜夜，幸存的船员，靠着残存的控制力，驾驶着支离破碎的船，直到有一天，鉴真听到了几近崩溃的船员兴奋地喊道“出现了，陆地，陆地！”时，他的脸上也浮现了淡淡的笑容，就这样，鉴真一行人历经千辛万苦到达日本，开启了他们中国文化的传播之旅。

鉴真像

听完鉴真东渡的故事，两个孩子无不被他的勇气所折服，也无不被他对传播佛法的决心所震撼。此时，他们已站在唐招提寺金堂面前，澄蓝天空之下，苍松翠柏掩映着弧度优雅的屋檐与肃静庄严的庙宇，仿佛向它的修建者致敬一般。金堂后面的讲堂内展览着日本最古老的肖像雕刻——鉴真和尚坐像。随船队一起而来的荷花花种，依然在戒坛前的池塘中亭亭玉立，不知它们是否还记得1200多年前路途上的惊涛骇浪与险象环生。

“鉴真大师到了日本之后，不仅完善了奈良佛教界的戒律，而且还给日本带去了天台宗、华严宗等佛教经典。在他的影响下，日本在建筑、美术、工艺、书法、医学等方面都染上了浓厚的盛唐风气。他主持建造的唐招提寺，于759年竣工，在当时是日本僧侣的最高学府。”卡尔叔叔带着洋洋和丫丫仰望着这座庄严的庙宇，继续说道，“唐招提寺的金堂是唐代木质结构殿堂的代表作。据调查，遗留到今天的唐代木构殿堂，在中国仅余两座，都在山西五台山。较早一座为南禅寺正殿，另一座是佛光寺正殿。而这两座佛殿的建造又都迟于唐招提寺的金堂，南禅寺正殿迟23年，佛光寺正殿则迟98年。中国建筑教育家梁思成先生曾道：‘对于中国唐代建筑的研究来说，没有比唐招提寺金堂更好的借鉴了。’”

“759年，那距今也有1200多年了啊！古代工匠真厉害啊，居然可以建一座千年不倒的房子，尤其是在日本这种地震多发的地方。”洋洋感叹道。

“这也和后人的努力分不开，唐招提寺经历过四次大修，最近一次，历时十年，期间遇到了很多建筑上和古文物保护上的难题，工匠和建筑师们都一一克服，在最大限度保留古代材料的基础上，让唐招提寺以‘健康’的面貌示人。”卡尔叔叔摸着唐招提寺巨大的立柱感慨道，“现代日本的匠人精神和古代鉴真东渡时的精神还真有相似之处，都那么执着，为了完成使命而不畏艰难”。

修复中的唐招提寺

知识链接——唐招提寺的修复

唐招提寺最近一次大修是在2000—2009年。2001年4月金堂开始正式解体，每一片拆下的瓦，每一根木料，都被精确编号、分析调查、妥善保存，以期分毫不差地复原。这是一项浩大繁复的工程，奈良县在全日本招募职人（日语中对于拥有精湛技艺的手工业者的称呼），邀来最出色的工匠，共同挑战这一艰巨任务。现代文物修复的基本原则是尽量使用原有的材料，极尽可能地接近文物原有的状态，这也是这次唐招提寺修复所坚持的原则，所以修复中，只有衰朽程度过重的木材，才会被新木材代替。旧木材会被安放在寺内仓库或讲堂展厅内，为后人保留一段珍贵的记忆。

被拆卸、标号的千手观音

暮色已至，夕阳下的唐招提寺金堂依然散发着生机与活力，它既是新的，又是旧的；它既是中国风的，又是日本特色的，人们在尊重和感激当中，将它传承下去。今天的人们尽心修复唐招提寺，其实就是后人对鉴真的一种肯定，鉴真曾经深深地影响过日本，他带去的一切，都被精心保护着，有些留在了他们的记忆里，有些留在了他们的骨血里。他是中日交流的先驱者，现在的我们应该追随鉴真的脚步，让更多人了解他，继承他的这份胸怀。虽然他已经化为日本的泥土，但是两国之间的缘分是这样深厚，从古至今，源远流长。洋洋拿出相机拍下了洒满金光的唐招提寺，解密之旅画上了圆满的句号。

唐招提寺

被鹿接管的城市

在奈良的第二天，三个人在林荫路上悠闲地走着，两个小孩还在回味着阿倍仲麻吕和鉴真的事迹，不知不觉他们来到了奈良公园。洋洋突然拉住了丫丫，做了一个“嘘”的动作，然后指了指前方。

丫丫顺着望了过去，只见在斑驳的树影下，有一只小鹿正惬意地趴在草坪上纳凉，再仔细找找，周围还有几只小鹿，它们有的在浅草处品尝嫩草，有的呆呆地望着路边的小卖部，不知道在等待着什么。

奈良公园的小鹿

“在奈良，鹿是神圣的象征。有一个传说，说是在公元710年，在创建奈良的春日神社时，从鹿岛请来的神仙骑鹿而来，人们因此认为鹿是神的使者。若有谁敢捕鹿杀鹿，或是伤鹿，都会受到严厉处罚，甚至可获死罪。久而久之，这里的鹿不再害怕人类，而与人类和谐地栖息在这座古城。”说着，卡尔叔叔带着两个孩子来到了街边的小卖部，说道，“我们买一点它们最喜欢吃的鹿仙贝吧！”

老板递过鹿仙贝，接过钱时点头微笑着说：“要小心哦，它们可是很嘴馋的啊！”

话音刚落，还没等卡尔叔叔把鹿仙贝分给孩子们，刚才在一边守望小卖部的鹿就围了上来。

“哈哈，一个一个来！”两个孩子被这突如其来的热情感动得不得了。洋洋拿着一片鹿仙贝，一只小鹿在接受鹿仙贝之前，居然对洋洋鞠了一躬。

“卡尔叔叔，这只鹿像日本人一样，好有礼貌啊，居然给我鞠躬。”洋洋说着，也鞠了一躬，你来我往，三鞠躬、四鞠躬。

“洋洋别光顾着鞠躬，赶紧把鹿仙贝喂给小鹿。”卡尔叔叔催促道，“其实，并不是因为小鹿有礼貌，它低头鞠躬，是想让你看看它的犄角，就好像在对你说：‘看我多厉害！还不快给我吃的！’”

小鹿喜欢的食物：鹿仙贝

“原来是这样啊。哈哈，好啦，给你吃。”洋洋的鹿仙贝很快就被吃得一干二净。

“不过，来到日本之后，我最强烈的感受就是日本人很懂礼貌。总是在说对不起、谢谢、打扰，说的时候还总是鞠躬，我的脖子都有一点酸了。”丫丫对鞠躬深有体会。

“日本人的礼仪文化可不仅仅体现在鞠躬上，他们对礼仪的注重深入到他们的日常行为、说话方式，甚至他们的想法。”卡尔叔叔说道。

知识链接——日本礼仪

日语中的“敬语”异常发达。尤其是在工作的时候，敬语的使用更加严格。来访敬语、对上级说的敬语、书信敬语、电话敬语等甚至会把日本人自己搞得晕头转向，诚惶诚恐。

和日本人相处，你们也可以感觉到日本人的委婉谦虚、言语中的模棱两可。因为他们觉得言语太过锋芒，意见太过直白会让人觉得尴尬突兀，这也是种不礼貌的行为。

站立　颔首敬礼　普通敬礼　非常尊敬的敬礼

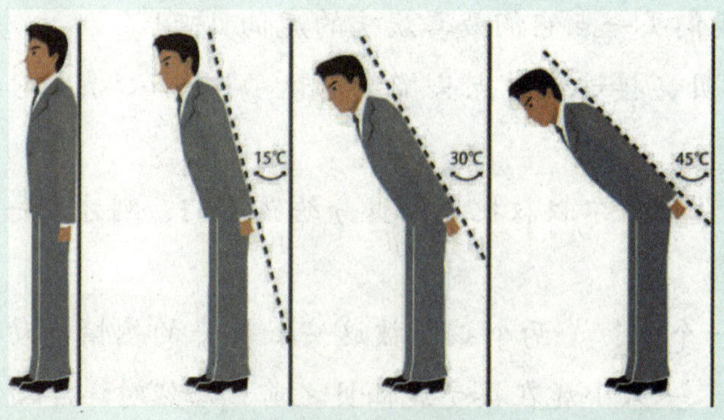

日本鞠躬文化

“日本人为什么那么懂礼貌啊？”丫丫不解地问。

“你们知道在日本，中国的哪位古人最受推崇和尊敬吗？”卡尔叔叔反问了回去。

“鉴真？阿倍仲麻吕？还是中国的哪位皇帝？”洋洋一个一个猜着。

“是孔子。孔子在日本拥有特殊的地位，他与释迦牟尼和耶稣被视为‘世界三圣’。日本可是将孔庙作为国家文化财产来保护的国家。而承载着儒家文化的古书典籍，比如《论语》《孟子》《千字文》等也随着遣唐使的归日，传入日本。儒家文化中对君臣关系、父子关系、忠孝问题的论述，都对日本现代礼仪产生了不可估量的影响。”

日本的孔子庙

课后思考

1　你觉得我们应该在阿倍仲麻吕和鉴真身上学习什么精神？

2　作为文明古国的中国，自然也有数不清的文化遗迹，你认为我们去这些地方旅游时，应该怎样保护它们？

第三课　一衣带水的邻邦——日本（三）

偶人背后的故事

致勇敢的小探秘者：

“洛阳三月花如锦，多少工夫织得成。”

“巍然城堡姿如旧，卓尔新区靓似虹。”

这两句话描写的是盛唐时的洛阳和长安。在日本，有一座古都，它将洛阳的锦绣，长安的巍然融合交织，历尽千年，我们仍然可以从中感受到盛唐的气韵，请在这座古都中为这位姑娘找到她的心上人。

校长

两个孩子打开附件中的照片，一个女娃娃跪坐着，华美的服饰、精致的妆容、黑亮的发髻，眼神婉转，一看就是大户人家的姑娘。

丫丫喜欢得不得了：“好可爱的娃娃啊！”

洋洋和丫丫跟随卡尔叔叔来到京都，在京都的大街上，你可以感受到它深厚的文化积淀：坐落在街角的佛寺，闹市中隐藏的宁静古巷，松柏垂柳中隐隐可见的古宅，街道上穿着和服的行人，时间在这里仿佛打开了话匣子，将那段来自古代的繁华和没落，讲给现代的人们听。

“卡尔叔叔，您怎么知道我们这次探秘的地方是京都市？”丫丫问道。

“因为诗中提到了长安和洛阳，融合了中国这两座古都的建筑艺术，并且保留至今的，就只有京都这座千年古都了。”卡尔叔叔回答说。

知识链接——京都市

京都市之前叫作“平安京”，公元794年桓武天皇迁都于此，到公元1868年东京奠都为止，京都一直都是日本的首都。“首都”在日本当时称为“京之都”，因此“京都”后来成了这座城市的专有名词。

京都初建时，是模仿中国唐朝的长安和洛阳营建而成，所以在这里你可以感受到浓厚的唐朝气息。这些建筑到现在仍被很好地保护，后来的建设又融入了很多日本的唯美主义，京都人对古文化也有一种自觉的追求，喜欢穿着和服，所以行走在京都，会给人一种时光穿越之感。

京都风光

阳光下的京都古街明媚动人，古朴的木质建筑，在山水间相容，别有一番趣味。

“卡尔叔叔，那个娃娃住在这里吗？”丫丫问。

卡尔叔叔牵着两个孩子的手，一边走一边说：“照片中的娃娃，其实是日本的一种风俗文化——人偶文化。人们依据风俗民情，用泥、纸、木等制成人偶，起初用于祭祀和占卜，而现在已经成为人们生活的一部分了。京都作为千年古都，自然在人偶制作上有着悠久的历史传承。但是我们来这里，并不是单纯地找娃娃哦！在京都经常会有日本的风俗文化展，我们一边逛一边找，说不定还能收获别的宝物呢！”

第一个引起两个孩子兴趣的，就是茶道体验馆，一位穿和服的姐姐前来迎接。她笑容可掬，说话如春风般温柔细软：“你们好，我叫东野美智子，今天由我担任你们的茶师。”在美智子的引导下，三人经过一条风景雅致的长廊，来到了一间小巧的茶室，相互鞠躬，然后跪坐在垫子上。

美智子一边煮水，一边介绍茶道的基本知识：“中国来的客人，你们知道日本的茶道是何处传来的吗？”

“我知道，是从我们中国，中国种茶历史和饮茶历史由来已久，而且在古时候，无论是陆上丝绸之路还是海上丝绸之路，茶叶都被当作重要的货物呢。在之前的奈良之行中，我们了解了日本的遣唐使，我觉得，应该也是在唐朝的时候，中国的茶道传入日本。”在漂亮姐姐面前，洋洋的表现欲爆棚，一口气说了很多。

“嗯，正是那时，茶圣陆羽编写的《茶经》，随着遣唐使的回归，传入了日本，给日本带来了系统性的种茶、采茶、煮茶、品茶的知识。16世纪末，日本出现了茶道的集大成者——千利休。他继承、汲取了历代茶道精神，创立了日本正宗茶道。他的茶道思想，对日本茶道发展的影响极其深远。现在茶道在日本已成为一种风俗文化。”美智子一边说着，一边井井有条地准备茶具，“在古代，茶道主要是修养精神的一种方式。在茶道中，人们都抱有一种心态，这种心态叫作‘一期一会’，意思是人生中只有一次机会，提醒人们要珍惜当下，认真对待眼下的每一件事、每一次相遇。”说罢，她将一碟好看的甜食摆在三人面前，说道，“茶水略苦，可以先享用糖果子。”

千利休与陆羽

待水煮沸，美智子熟练地操作着，整个过程像一段舞蹈一样富有韵律，之后，将一碗抹茶献给认真观看的一行三人。丫丫和洋洋看着碗内的盈盈绿色，学着美智子的样子，喝了下去。丫丫吐了吐舌头，又赶紧往嘴里送了一块糖果子。

知识链接——日本茶道

日本茶道源于中国茶道，江户时期，是日本茶道的辉煌时期，日本吸收、消化中国茶文化后终于形成了具有本民族特色的日本茶道。现在的日本茶道分为抹茶道与煎茶道两种，但茶道一词所指的是较早发展出来的抹茶道。

抹茶道，是将茶叶放在火上烘焙干燥，后磨成粉末，加入少量温水，搅拌均匀后引用。抹茶道是由中国南宋的饮茶方式发展而来，而将南宋的饮茶方法带入日本的，是两次入宋求法的日本僧人荣西。他在引入饮茶方法的同时，还将茶种带入日本种植，渐渐地将茶叶种植推广开来，因此，他被尊为“日本的茶祖”。现在，抹茶道已成为日本的国粹，引为国宾之礼。

抹茶道

煎茶道

煎茶道，在唐代陆羽所著的《茶经》中始有详细记载，大致是将饼茶烤制，碾成细末，然后投入沸水中烹煮。但是日本的煎茶道却是在中国明清泡茶道的影响下，又参考抹茶道的一些礼仪规范形成的。公认的“煎茶道始祖”是明末清初从中国去日本的僧人隐元大师，他把中国当时流行的壶泡茶艺传入日本。

一番品评之后，卡尔叔叔和美智子聊起这次来京都的原因。

“那你们来京都确实没错，”美智子看过照片后说，“这是我们京都人偶的一种，名叫皇族女人偶。它起源于平安时代，那个时候在贵族女孩和成人女性之间流行着一种用成对‘古装人偶’过家家的游戏，人们会用它来扮演女性角色。慢慢地就演变成每年在三月三日女孩节这天，有女孩的家庭都要举行陈列人偶的庆祝活动，祝愿女孩幸福。不过人偶都是成对陈列的，所以……”

“我们只要找到皇族男人偶就可以了！”两个孩子相视一笑，看到了希望，“姐姐，你这里有吗？”

文乐

“说到人偶，我这里倒是有很多，不过不是你们要找的。我的这些，和日本的一种传统艺术有关。”说罢，美智子去内房抱出来一个大家伙，“看，文乐人偶。”

“哇，好大的人偶，和我差不多高，这是用来做什么的？”丫丫问道。

“文乐也叫作人形净琉璃，是日本四种古典舞台艺术形式之一。它是一种木偶剧，用几乎与真人大小一般的偶人演出，配以人们的说唱。这可是日本四种古典舞台艺术形式的一种呢！你们来得正好，这里今天下午有文乐表演，如果可以，请留下来欣赏吧！”

知识链接——歌舞伎

除了文乐，其他三种舞台艺术形式分别是歌舞伎、狂言、能剧。其中歌舞伎是日本典型的民族表演艺术，是日本所独有的一种戏剧。它起源于17世纪江户初期。现代歌舞伎的特征是布景精致、舞台机关复杂、演员服装与妆容华丽，并且演员清一色为男性。

歌舞伎

三人听了美智子的建议，留下来欣赏日本的文乐表演。台上艺术家们操纵着玩偶，绘声绘色地表演着，台下观众们欢笑连连。虽然不是他们要寻找的玩偶，但洋洋还是按下了快门，记录这珍贵的一刻。

热闹的夏天

八月份的京都大街上热闹非凡，人们穿着传统服装来往于各家门店，仿佛在为某一个盛大的节日做准备。这让两个小孩格外兴奋，又有点紧张。他们走访了很多京都民俗商店，发现了很多关于隋唐时期交往的见证，陶瓷、丝绸、扇子……这些源于洛阳的技艺，被当地匠人融入了自己的民族特色，根植于当地文化之中。

“卡尔叔叔，您看！那里有好多人偶！”丫丫机灵的眼睛发现了一处不起眼的门店，橱窗里摆着几个精美的玩偶。他们走进去，看到一位带着老花镜的爷爷，在认真地给一个玩偶缝衣服。

“老爷爷，您好。请问您这里有没有这一款人偶。”卡尔叔叔拿出照片给老人看。

“您好！哟！这不是皇族女人偶嘛！”爷爷看过照片，对三个人说，“我们这里是定做人偶的商店！这个人偶，在三月三前夕最为热销。”

卡尔叔叔灵机一动，说道：“老人家，那我们可以定做一个皇室男人偶吗？”

“当然可以啊，不过最近大家都定做和夏日祭有关的人偶！”老爷爷笑嘻嘻地说道。

“夏日祭是什么？”洋洋问。

“夏日祭就是在夏天举办一些活动或节日庆典，是日本的传统风俗。在夏日祭期间，有一个非常重要的节日，在节日期间，我们也会去神社祭拜，祭奠我们逝去的祖先。”老爷爷推了推他的老花镜说道。

“听起来有点像我们的清明节。”丫丫眨着眼睛自言自语道。

夏日祭的各种表演

“这个节日叫盂兰盆节，与其说这个节日像咱们的清明节，不如说它就是咱们中国的中元节，有的地方又称鬼节。盂兰盆节是佛教里的说法，中元节是道教里的说法。中元节也是我们中国传统的祭祖大节，在每年的农历七月十五，我们会放河灯，焚纸锭，来寄托对先人的思念。”

老爷爷听了点点头，说道：“我们的盂兰盆节是从中国传入的，现在在日本已成为仅次于元旦的盛大节日。起初大家过盂兰盆节是为了追祭祖先、祈祷冥福，现在呢，是为了家庭团圆、合家欢乐。人们在这个时候会放假，赶回故乡团聚。你们来得正是时候，京都的庆典也非常丰富，五山送火是这些庆典里最知名、最壮观的，在我做人偶的时候，你们可以去看看啊！”

知识链接——五山送火

五山送火，指的就是在环绕京都市的五座山上，点燃篝火，分别组成“大”字、“法”字、“妙”字。相传，这样做是为了消除在世间流传的疫病。在这天晚上，把“大”字的火光倒映在酒杯或水盆里，饮下里面的酒或水，可以免生疾病，而且，烧剩下的炭还可以去灾避邪。盂兰盆节是迎接逝去的祖先回归故里的节日，而举行送火仪式，就是在送别祖先灵魂。

五山送火

日本的武侠

观赏完壮观的五山送火，两个小孩跟随卡尔叔叔在京都转悠，他们来到一家面馆，点了日本的传统面食——荞麦面。

卡尔叔叔挑起一筷子面，然后对两个小孩说：“孩子们，你们知道吗，这磨面粉做面条的技术，是在宋元时期，才从中国传到日本的。在那之前，日本只知道把荞麦煮熟了吃。”

荞麦面

洋洋一边有滋有味地吃面，一边问："那宋朝也有遣宋使，元朝也有遣元使吗？"

"在宋元时期，日本政府并不热衷于派遣使节，所以没有像遣唐使那样成气候。不过宋元时期我们的航海技术非常发达，而且，统治者鼓励对外贸易，所以海上丝绸之路十分繁荣，我们和日本民间的商贸往来非常频繁，技术和文化交流也是遍地开花。元朝的时候还设置了专门的政府机构，管理东来西去的商队。"卡尔叔叔说罢，将一大口面条吸入口中。

就在这时，他们的耳边突然响起一阵打斗声，寻声望去。几个一袭黑衣的人在刀光剑影中轻盈地跳上房檐绝尘而去。刚才打斗中一名身材健硕的男子不幸受伤了，他将刀尖抵住地面，努力撑着不倒下，鲜血染红了他的刀刃，门户中急急忙忙跑出来举着火把的人，火光照亮整条古街……

"卡尔叔叔，这是日本的武打片吗？日本的武侠也会轻功啊！"丫丫没想到中日两国在功夫上还有相同的招数！

"那个人是日本的忍者。忍者可是受过特殊'训练'的特战杀手、特战间谍。他们会上天入地，飞檐走壁，还会隐身、飞镖。"洋洋一边讲一边手舞足蹈。

"真的这么厉害吗？那怎么还被老爷爷发现并打跑了？"丫丫指着电视里那个地中海式发型的受伤男人说。

"哈哈，那可不是老爷爷，他可是个壮年男人，"卡尔叔叔被丫丫逗乐了，"那是日本的武士，他的发型是武士的特色。"

知识链接——忍者和武士

忍者是日本标志性的文化符号之一，类似于特战杀手、特战间谍。他们夜间行动，通常都穿深蓝或深紫色的衣服，身上装备着各种各样的冷兵器和药物，用以完成侦查、刺杀、破坏等行动。因为忍者的主要工作都是暗中进行，所以他们的武艺也以此为中心，刀法追求出其不意、一击必杀。

日本武士一般指通晓武艺、以战斗为职业的军人，他们一开始是一些地方领主的私人武装，随后得到了朝廷的承认，成为日本的特权统治阶级。12世纪末镰仓幕府创立，标志着武士时代的来临，直到明治维新，武士都是统治日本社会的支配力量。明治维新后这一情况改变，明治政府采取了渐进的手段逐渐消灭了武士阶级。

卡尔叔叔一行人再次来到老爷爷的人偶店，皇室男偶人已经做好了，两个小孩很是兴奋。精致的面庞，华丽的衣裳，洋洋拿起相机，按下快门，皇室女人偶终于不再是孤单一人，然而一行人的旅程远没有结束。

课后思考

1 日本人除了在8月中旬（我国是农历七月十五）和我们过一样的节日，他们也和我们一样庆祝端午节。查查资料，说说日本的端午节和中国的端午节有什么不同。

2 中国也是自古以来的礼仪之邦，说一说你觉得哪些事可以体现一个人的礼仪修养。

第四课　神秘的南方大陆——澳大利亚（一）

隐藏在乐器里的线索

巨大的轮船队停靠在港口数日，今日就要告别这与家乡风格迥异的南洋异域。船员们正抓紧时间准备启航。十几年了，他们怀着远扬华夏威仪的使命感，带着对大明王朝的信仰和对未知的好奇，跟随王朝的船队一次次远渡重洋，一次次经历千难万险又一次次化险为夷。在每一次冒险与探访中，他们会收获很多未曾见过的事物。此时，一部分船员，正上上下下搬运着、记录着这些奇珍异宝。

"大人，"一名船员急急忙忙跑到清点货物的官员面前，说道，"在运回的货物中，寻得一个奇怪的箱子。"

"哦？可知是何国之物？"

"不知，还请大人亲自查验。"

官员跟随船员走到货仓尽头，只见一个一人高的方形木质盒子，缠绕着一圈圈麻绳，立在角落。官员研究了一番，然后命人将盒子打开。健壮的船员，费尽了九牛二虎之力才把木盒撬开。

只见盒子里放着一根奇怪的木质长管和一张摸起来像树皮似的图纸，图纸上画着奇怪的图腾。画中的人们藤草掩体，四肢修长，面部有奇怪的花纹。他们有的将双手伸向天空，好似在诡异地舞蹈；有的拿着一根奇怪的管子，好似在演奏，他们像是在庆祝着什么，又或者祭祀着什么。另一面则刻着一个奇怪的好似大山，又好似巨石的东西，孤独地矗立着。

在场的所有人，讨论了一阵，都无法解释图腾上的内容出自哪里，更无法解释这根奇怪的长管来自何处，见多识广的官员也一时没有办法，便安排下属将它们放回盒内，回归原位。船员们散去，继续着先前的忙碌，货物被陆续搬上巨轮，那个奇怪的盒子就这样被埋没，消失在人们的视线中。随着船队拔锚起航，关于这个盒子的秘密，就这样在茫茫的海上被人们遗忘了。

画面最后定格在那个图腾上。丫丫拍拍电脑说道：“咦，继续播放啊，怎么不播了。”这时只见电脑上出现了一句话：

> 勇敢的小探秘者：
>
> 请按照图腾的指引，去寻找变色石。
>
> 校长

“奇怪了，整个故事，还有图腾上哪有提到石头啊！”丫丫仔细看着电脑屏幕，摇着头说道。

洋洋关注的却是另一个问题，他问道：“视频里的船队好壮观，上面的人看起来是明朝的人，这是不是郑和下西洋的团队？”

“嗯，看视频中的外国人，穿着和长相都与赤道附近岛国的土著民族非常相近。这有可能是当时大明朝的船队经过那里时的事情。”卡尔叔叔推测道。

“郑和居然到达过赤道附近！”洋洋和丫丫感叹道。

卡尔叔叔点点头，解释道："明朝在那个时候就与赤道附近的国家有密切的交往了，从靠近澳大利亚的爪哇岛，到非洲的肯尼亚，都是赤道附近的国家。"

"那这个盒子是来自哪个国家呢？"孩子们有了和明朝船员一样的问题。

卡尔叔叔仔细研究着，突然他眼前一亮，一个线索引起了他的注意，这个线索又会将这三人引向怎样的旅程呢？

"孩子们，你们看这个图腾中的人演奏的乐器，和刚才视频里，木盒里的长管子像不像？"卡尔叔叔指着图腾说道，"你们知道这是什么吗？"

"有点像我们的号角，但是是超大号的号角。"

"这个叫作迪吉里杜管，是一种古老而奇特的乐器。制作它的材料是被白蚁蛀蚀的空心的桉树木管，而制作这种乐器的民族，就是澳大利亚原著居民，他们大约从七万年前，就从东南亚迁移至此并建立了部族社会。"卡尔叔叔指着图腾继续说，"纸上的人，他们身上有着奇怪的纹路，这也像是澳大利亚原住民的宗教传统——图腾崇拜和绘身画。他们会把崇拜的自然事物，刻画在自己的脸上和身上，也就是说，这个木盒子很有可能来自澳大利亚。"

"可是……"卡尔叔叔紧锁着眉头，思考着，"据现存的公布的资料来看，最早发现澳大利亚的是西方人，而发现时间比郑和下西洋晚了一百多年啊。这盒子怎么会出现在船上呢？但是我也看不出别的线索。"

澳大利亚原住民和民族乐器

鸭嘴兽：虽然我看起来像鸭子，但我是哺乳动物哦！我不生蛋的！

“说来奇怪，郑和的船队明明都到了离澳大利亚这么近的地方，为什么不登陆呢？”洋洋看着地图不解地问。

“其实，郑和下西洋的记录曾经在大火中焚毁了一部分，所以有一些情况我们也不得而知。也有可能受当时技术和洋流的影响，无法到达这片大陆吧。”卡尔叔叔说道。

此时丫丫坐不住了，说：“不如我们先去找找吧，说不定有什么收获。而且听说澳大利亚有很多神奇的动物，比如袋鼠、树懒，还有一种古老的鸭子，早就想去看一看了。”

洋洋哈哈笑道：“古老的鸭子？你说的是鸭嘴兽吧，它和鸭子差得远呢。先别说了，快出发吧！”

民族欢乐拼盘

飞机跨越了半个太平洋，来到了地球的另一半——南半球。八月的南半球和北半球正好相反，大陆上的人们正裹着棉衣，等待着春天的到来。

洋洋在天空中俯瞰，岛屿点缀在海面上，弯曲回折的澳洲大陆海岸线，圈起了一个神奇的国家。“丫丫，你知道吗？下面这片大陆上，只有澳大利亚一个国家哦！”

知识链接——大洋洲与澳大利亚

大洋洲由一大块陆地和无数小岛屿组成，那一大块陆地上只有一个国家，就是澳大利亚。澳大利亚不和任何国家接壤，所以很长一段时间，我们并不知道它的存在。直到17世纪，这里才进入西方国家的视野。18世纪，英国航海家库克船长到达澳大利亚东海岸，宣布英国占有这片土地。1901年澳大利亚联邦成立，在1931年澳大利亚成为英联邦内的独立国家。

大洋洲轮廓

在澳大利亚的城市悉尼降落之后，大家的第一印象就是这里的天空瓦蓝瓦蓝的，偶尔点缀着几朵白云。比起蓝天，更迷人的是这里的海与沙滩。海风轻柔地将清澈的海水推向淡金色的海岸。虽然有些寒意，但是并不妨碍各种肤色的人们在海滩上散步。

丫丫伸了个懒腰，问道：“这里真是一个让人心旷神怡的地方，当时英国人是不是也都争着抢着来这里定居啊？”

卡尔叔叔笑着摇摇头说：“那个时候可不像现在一样，来这里的英国人也不是自愿的，他们是当时的罪犯，被流放到这里的！”

“什么！罪犯？！”两个孩子略表惊讶。

“嗯，澳大利亚成为英国的领土之后，起初是被当成流放罪犯的地方，他们为了填饱肚子，开始在这里开垦，发展农业和畜牧业。后来，这里发现了金矿，来自世界各地的淘金者蜂拥而至，人越来越多，城市就慢慢地发展起来了。”卡尔叔叔解释道。

知识链接——澳大利亚国庆日

1788年1月18日，700多名囚犯随着船队抵达澳大利亚，之后的80年间，共有16万英国犯人被流放到此。

这批登上澳大利亚的英国人，在8天后的1月26日，正式在澳大利亚杰克逊港建立起第一个英国殖民区，这个地方后来人口不断增长而成为澳大利亚的第一大城市悉尼，这个名字是为了纪念当时的英国内政大臣悉尼（Sydney）而起的。后来每年的1月26日成了澳大利亚的国庆日。

民族的拼盘

“那现在我们身边这些不同肤色的人，除了像我们一样来旅游的，还有一些是当时来这里打拼，然后定居下来的吗？”洋洋看着海滩边古铜色皮肤的美女问道。

“没错，澳大利亚是典型的移民国家，它的人口大多数是英国及爱尔兰后裔和欧洲其他国家后裔，还有原住民以及亚裔等，现在澳大利亚的华人都有100多万了。”卡尔叔叔对两个孩子说，“虽然在历史上，外来的移民与当地原住民有过激烈冲突，白人移民和非白人移民之间有过非常深的隔阂。但如今，人们都知道移民对这个国家的重要性，各个民族相互交流，相互学习帮助，才造就了现在的澳大利亚。”

悉尼的大街上充满着现代都市元素，商业气息浓厚的办公大厦，简洁明快的欧式小楼，悉尼大桥宛若巨人的臂膀，将两岸相连。轻轨在城市空中穿过，带着卡尔叔叔一行人，领略现代城市风光。

洋洋对眼前的一切感到如此新鲜：“澳大利亚真是一个非常现代化的国家啊，来的路上我们聊的都是原住民，我还以为澳大利亚会是一个非常古老的国家呢。”

“没错，澳大利亚是个高度发达的、现代化程度非常高的国家，悉尼港又是澳大利亚著名的港口，被誉为世界上三大漂亮的港口之一呢！”

随着轻轨的转弯，一座美丽的建筑映入孩子们的眼帘，一眼望去，它像三五片精致的巨大贝壳，又如即将乘风出海的白色风帆，面朝日月星辰，正要驶向蔚蓝的海洋。

悉尼歌剧院

“孩子们，那就是悉尼歌剧院！”卡尔叔叔指着那座建筑说道。

“丫丫，你知道悉尼歌剧院的设计灵感来自于哪吗？”洋洋侧头看向丫丫，问道。

“这还不容易，肯定是贝壳啊！”丫丫自信地回答。

“哈哈！错啦！”洋洋似乎早就知道丫丫会这样回答，一脸得意地说道，“是来自于剥好的橘子皮！”

一行人一边说笑一边走着，在悉尼歌剧院门口，洋洋忙着拍照，广场上一个身影进入了他的镜头，只见那个人一身土著打扮，手里拿着一根长长的管子，忘情地吹着。低沉而优雅的音乐在广场上回荡，引得人们纷纷驻足欣赏。

洋洋兴奋地叫来卡尔叔叔和丫丫：“你们看，那不是图腾上演奏乐器的原住民吗？我们过去问问他是不是了解图腾中的内容吧！”

在乐曲演奏完之后，卡尔叔叔走上前去询问：“您好，看您的打扮，您应该是这里的原住民吧？我们这里有一张图，画着和土著文明有关的事。我们要根据图上的内容，找到叫作变色石的东西。您可以帮帮我们吗？”

“您好，我是悉尼歌剧院的志愿者，周末我会在这里吹奏原住民的民族乐器，让游客了解澳大利亚的土著文化，我叫雅各布，很开心可以帮助你们。我看看你们想找的是什么。”

卡尔叔叔把图片给他，雅各布一看到里面的内容，顿时脸上泛起一种崇敬的表情，说道：“虽然我不能马上回答你们‘变色石’是什么，但是图中的这块巨石，可是原住民心中不二的圣地。你们可以去那个巨石处探寻。呃……我可以加入到你们的旅程中吗？我也想知道圣地之处究竟藏着什么秘密。”

“当然欢迎，我们正想找一个当地人做向导呢！”卡尔叔叔愉快地答应了。

就这样，一行三人变成了一行四人，开启了圣地寻宝之旅。

地下和地上的宝藏

蓝山

东方刚刚泛白，一行人就出发了。越野车之旅一开始还是颇为有趣，远处层层叠叠的山脉和原始森林，总给人一种“人类未涉足”的神圣感，看着看着，丫丫和洋洋发现眼前这些层峦叠嶂的山峰似乎有些与众不同。

“你们看那边的山，好像闪着蓝色的光。”丫丫指着远处问道。

“它的名字就叫作蓝山啊。准确地说蓝山是一条很长很高大的山脉，像一面屏障一样横亘在澳大利亚的西边。这条山脉地形复杂，布满悬崖峭壁，所以这里有很多至今未被人类探索的原始森林。这些原始森林里生长着的树百分之九十以上都是桉树，桉树的精油分子被太阳照射后，就会折射出淡蓝色的光，蓝山因此得名。”雅各布给这位可爱的中国小女孩解释道。

蓝宝石

“原来如此，我还以为这条山脉是一块蓝色的大宝石呢！”丫丫一边说着一边望着远方畅想着。

卡尔叔叔点点头，说：“还真被你说中了，蓝山山脉所在的新南威尔士地区，有丰富的矿藏，其中最负盛名的就是蓝宝石了。这里产的蓝宝石有着深邃高贵的皇家蓝色，深受珠宝爱好者的喜爱。”

“那当然，我在书上看到过澳大利亚可是坐在矿车上的国家呢！2014年到2016年，中国是澳大利亚第一大铝土矿的进口国呢！”洋洋说道。

丫丫眼前一亮，有了个想法：“我们寻找的变色石，是不是澳大利亚盛产的某一种宝石？”

雅各布皱了皱眉，摇了摇头说：“澳大利亚虽然盛产宝石，但是会变色的宝石还真没听说过。”

知识链接——澳大利亚的矿产

19世纪金矿的发现，使得大量移民涌入澳大利亚淘金，形成了一股淘金热，而且澳大利亚不仅仅有金子，它还是世界上最大的铝土、氧化铝、铅、钽的生产国，银、铁矿石、煤的产量也居世界前列。各类宝石自然也不会少，它是世界上最大的钻石生产国，而且盛产奢华的粉色钻石。

粉色钻石

“哦……”听到自己的想法行不通，丫丫有点垂头丧气。洋洋拍拍她的肩膀说：“我们还是先去图画中的圣地看看吧。对了，既然都说了这片原始森林里都是桉树，那你猜猜，有桉树的地方会是什么动物的家？”

丫丫托着腮思考了一下，说道：“是不是一种喜欢吃桉树叶的动物呢？”

考拉

洋洋点点头说道：“没错，它们叫作树袋熊，也被称作考拉，是一种栖息在树上，以桉树叶为食的憨憨的小动物，而且它们特别喜欢睡觉，一天能睡18个小时以上呢！”

“其实考拉睡这么长的时间也是有原因的，它们吃的桉树叶并不能提供多少能量，不足以支撑它们一天都活蹦乱跳，而且桉树叶中含有一些有毒物质，考拉需要通过长时间的睡眠来分解。”卡尔叔叔说道，“考拉可是个萌萌的慢性子，它们行动迟缓，你碰它一下，它好半天才能反应过来呢！”

想到考拉可爱的样子，雅各布脸上泛起笑容，说道：“它们可是我们澳大利亚的国宝，是世界上濒危的野生动物，它的名字源自原住民的语言，意为‘不用喝水’，这是因为桉树叶可以给它们提供足够的水分，所以如果不是得病或者干旱，考拉是不喝水的。”

袋鼠警示牌

疾驰的汽车突然降下速来，吓了大家一跳，以为发生了什么事故。雅各布指着前方一个警示牌说，“你们看那个牌子，知道是什么意思吗？”

丫丫趴在窗户上仔细地看着：“牌子上画着一只袋鼠啊，难不成我们到了袋鼠乐园？”

“哈哈，说是袋鼠乐园也可以，整个澳大利亚都是袋鼠的天堂，不过因为袋鼠太多，它们随意穿越马路，这可给它们的生命安全和来往车辆的安全造成不小的麻烦，所以这个警示牌的意思是：前方有袋鼠出没，请小心驾驶。除了袋鼠警示牌，还有树袋熊、鸸鹋（érmiáo）、喜鹊等野生动物的警示牌。”雅各布一边说着，一边小心留意着四周。

琴鸟

袋食蚁兽

鸸鹋

短尾矮袋鼠

袋鼠

"真不愧是野生动物的乐园。"

"不管是地下的丰富矿藏，茂密的原始森林，还是栖息在这片大陆上的小动物，都是我们的宝贝，值得我们用心去爱护。"

一行人就这样有说有笑地驶入了辽阔的澳大利亚中央腹地，那是一片一马平川、草木稀疏的大荒原，而他们所要寻找的圣地巨石，正在这腹地的中心，等待着他们的到来。

知识链接——鸸鹋

澳大利亚的红毛袋鼠可是在澳大利亚国徽上有一席之地的动物。而国徽上另外一种动物，也是澳大利亚的特产——鸸鹋。这种鸟以擅长奔跑而著名，是世界上最古老的鸟种之一，也是世界上第二大的鸟类，仅次于非洲鸵鸟。它的翅膀严重退化，不能飞，但是有一双大长腿，跑得超级快。

澳大利亚国徽

课后思考

1　说一说澳大利亚都有什么丰富的自然资源。

2　澳大利亚的小动物你最喜欢哪个？选择一个，查一查，说一说它的生活习性。

第五课 神秘的南方大陆——澳大利亚（二）

大陆的肚脐

“哎哟！”在车中小睡的洋洋和丫丫一阵惊呼，因为汽车紧急刹车，他俩一下子往前猛冲了一下。

卡尔叔叔也吓了一跳，回头看他们有没有受伤。

“还好有安全带，卡尔叔叔，我没事。丫丫你没事吧？”洋洋关切地看着丫丫，接着问道，“这是怎么了？”

“你们看前面。”雅各布指着不远处。

三个人都往前张望，不约而同地发出了一声惊呼：“天哪，好多羊！”

只见一大群羊浩浩荡荡地向他们走来，远看毛茸茸一片。“咩咩咩……”

羊叫声此起彼伏，羊群不断靠近。四个人不知如何是好，两边没有可以躲避的地方，开进羊群会不会给小羊造成伤害？难道要后退吗？眼看羊群就要走到车前了，四个人只好检查车窗是否关好，一动不动地等待被羊群淹没。

这时，突然有两只漂亮的小狗从羊群中窜出来，一只飞快地跑到羊群前面，跑过的路线，像是有一面隐形的屏障阻挡在羊群面前一般，羊群都乖乖地按照它的路线走。另一只小狗在羊群边上来回跑动，偶尔有一只不听话的小羊脱离团队，就会被它赶进去。

牧羊犬牧羊

“牧羊犬！”洋洋高呼，“太帅了”随即拿出相机拍个不停。

“澳大利亚果然是畜牧业大国，这么大的羊群和这么出色的牧羊犬我还是第一次见到。”卡尔叔叔啧啧称奇，继续说道，“孩子们，你们知道吗，澳大利亚是世界上最大的羊毛出口国，全球四分之一的羊毛都产自这里，所以澳大利亚不仅是坐在矿车上的国家，也是骑在羊背上的国家啊。”

待羊群穿过公路，汽车再次发动。渐渐地他们驶入了这片大陆的中心，两边的风景，也随着时间的推移，从茫茫草原变成了茫茫荒地。丫丫有点担心了：“如此平坦开阔的地方，哪来的巨石呢？”不过担心归担心，在汽车的摇摇晃晃中，孩子们再次进入了梦乡。

“咦,怎么又停了？难道又遇到羊群了？”两个孩子睡眼惺忪地向窗外张望。

“好大好高的石壁！”洋洋看着窗外光秃秃的石壁，惊呼，“这是什么山？我们要攀岩吗？”

“这不是山，这是块石头，名叫艾尔斯巨石，也就是图腾中所画的圣地。当地原住民叫它乌鲁鲁。他们深信祖先是在‘梦幻时代’从地底和天空来到这片土地上的，而乌鲁鲁就是祖先在‘梦幻时代’开辟这块土地时留下的路标。”雅各布一边解释，一边泊车。

卡尔叔叔望着这块经历了亿万年风霜雪雨的巨石，也被它的雄伟震撼住了。此刻的乌鲁鲁在阳光的照耀下呈现出金黄色，在蓝天下分外夺目。

巨石乌鲁鲁

“真是超级大啊！超级壮观啊！”两个小孩的下巴快要惊到地上了。“太奇怪了，放眼望去不见一座山，怎么这里突然有了一块大石头。这个石头是从天而降的吗？”两个孩子左顾右盼，问道。

“别说，还真有‘飞来之石’这种说法。经过科考人员对巨石和周边地区的综合勘察与考证，他们认为，这块巨石很有可能是几亿年前，离地球较近的一颗小行星因偏离了自己的轨道，坠入大气层而最终陨落到此的，也就是我们今天所说的流星陨石。这个石头之大，人们得走三四个小时才能走完呢。”

“那我们要找的变色石在哪呢？难不成就在这里埋着？这里有没有矿坑？”丫丫急切地问。

雅各布摇摇头，说：“怎么会有矿坑呢？这块岩石可是原住民心中的圣地，被他们称作地球的中心，是澳大利亚的灵魂与心脏。如此崇拜，连攀登都不受当地原住民欢迎，更何况开采矿石。”

“那我们怎么找？难道在巨石周围吗？”

“不如我们走近看看吧！”卡尔叔叔提议说。

图腾之谜

一行人慢慢接近巨石，岩壁越发显得高耸陡峭，即便如此，露在外面的也仅仅是冰山一角，地下还埋藏着这块岩石三分之二的部分，深达六公里。正在四人一步一步接近岩石的时候，几个身穿藤草的原住民从旁边的草丛跳了出来，面露凶狠之色。

丫丫吓得连忙躲到卡尔叔叔身后，雅各布则马上站了出来，用大家听不懂的语言同那几个原住民交流。

交流了一会儿，原住民脸上的表情从凶狠变得友善，又变得充满好奇。

“不用害怕，他们是这里最地道的原住民，他们想看看你们的画。”雅各布对卡尔叔叔说，卡尔叔叔连忙把画递了过去。

看到那幅画的几个原住民瞬间惊讶不已，他们咿咿呀呀地对雅各布说了好多。

雅各布激动地转身对卡尔叔叔说：“他们见过这幅画上的东西，就在这个大石头上的某处画着相同的东西。他们愿意带我们去。”

卡尔叔叔说道：“真的吗？那太好了。”

“那画着这幅画的地方，肯定就是变色石所在之处。”两个孩子激动地看了对方一眼，跟上了大人们的脚步。已是太阳西落时分，此刻的乌鲁鲁巨石，在夕阳的映照下，显现出一种火焰般的橙黄色。

夕阳下的乌鲁鲁巨石

知识链接——澳大利亚的图腾崇拜

澳大利亚土著宗教的主要表现形式是神话和图腾崇拜，每个氏族都是图腾崇拜集团，以动物、植物或景物的名称命名。他们相信自己和这些图腾之间有某种自然或超自然的联系。

在澳大利亚北部数百万平方公里的土地上，分布了上百个不同的土著部族，他们都有自己的语言和历史。但是这些散居在各地的澳大利亚土著民族，都以乌鲁鲁为图腾而顶礼膜拜。在原住民的传说中，乌鲁鲁是他们祖先在“梦幻时代”开辟路径时所留下的路标，是大陆之脐，对他们而言，乌鲁鲁不仅是一种美丽绝伦的地貌景观，更包含了遥远时空中，神圣的祖先丰富的精神世界。

岩石上的图腾

跟着几位原住民，一行四人绕着乌鲁鲁岩石走着，眼前突然出现一个巨大的凹陷，头顶上悬空的巨石，仿佛有一种随时都要崩塌的窒息感。

“石头上有一只好大的怪兽！”丫丫惊呼。

雅各布依着原住民的解释翻译道：“这是原住民创作的岩画，画中的怪兽是一条虹蛇。在干旱的荒漠中，虹蛇是水的象征，它可以带领人们找到水源，找到了水源便意味着生命的延续，所以在他们的信仰里，虹蛇是他们的守护神、造物主，是他们祭祀的神。每个部落都有属于自己的虹蛇，它们有不同的名字、性别和长相。眼前这条，相传是澳大利亚最凶猛的虹蛇哦！”

虹蛇图腾

一行人继续往巨石深处走，卡尔叔叔发现了一幅图腾，招呼所有人过去：“你们看，这和我们图画上的场景好像啊。”

众人围了过去，都兴冲冲地开始在周围寻找，可寻找了好一阵子，周围除了看不懂的画，就是碎石碎渣。

“变色石究竟在哪里呢？”卡尔叔叔沉思着喃喃自语，他转向雅各布，问道，“请问，图腾中的这些人到底在做什么？”

与原住民简单地交流之后，雅各布告诉大家：“他们是在祭拜乌鲁鲁巨石，祈求神灵的保护。乌鲁鲁对当地土著之所以那么神圣重要，是因为它和他们的生活息息相关。这个石头，会随着时间的变化改变颜色，原住民可以借此判断时间和时令，安排生活和农事。”

“等等！你说什么？会随着时间的变化改变颜色！”卡尔叔叔打断了雅各布的话。

“难道就是乌鲁鲁！”三个人转身向外跑去。此时，夜色已经降临在这片荒原，日落时如火焰山一般的巨石，此刻却变成了黑色，与天空中渐渐亮起的星光遥相辉映。三个人没想到，他们一直寻找的变色石，其实就在他们眼前。

任务顺利完成了，一行人在当地居民的邀请下，观看了当地的传统舞蹈。宴会中，卡尔叔叔和雅各布询问当地人知不知道这张图腾如何跑到了中国的船队上。但是当地人都表示不知情，说来也是，茫茫大海加上久远的年代足以吞噬一切相关的线索，又或许这只是出题人虚构出来的一个引子，想引导后人去走前人未走过的路。回想这一路的所见所闻，也许会变色的石头真不是最大的收获。古老而神秘的土著文化，与自然和谐相处的生活方式，还有这一路美丽的自然风光，都是他们发现的宝藏。

不同时间的乌鲁鲁

“卡尔叔叔何必纠结呢，我们不是通关了嘛！看他们的舞蹈多么漂亮。”丫丫开心地蹦蹦跳跳，说道。此时此刻，璀璨的星光下燃烧的篝（gōu）火映照着一张张灿烂的笑脸，为澳大利亚之旅画上了圆满的句号。

课后思考

1 澳大利亚原住民心目中乌鲁鲁是怎样的存在？原住民的图腾中为什么会有虹蛇的出现？

2 我们中国也有图腾，收集一些中国图腾的实例，看看上面画的是什么。

第六课　长白云之乡——新西兰（一）

几维鸟

他们离开澳大利亚前一晚，在宴会将散之际，一位满头华发的土著老人在几个人的陪伴下走到了卡尔叔叔的面前。

“勇敢的旅行者，我有一事相求，你们看这可爱的雏儿。”原来，这位老人是这个部族的首领，此刻，他的手里正抱着一只可爱的小鸟。

丫丫兴奋地凑上前去，问道：“好可爱的小白鸟，它是您的宠物吗？”

老人摇摇头，说：“并不是，我在这里捡到了它，悉心照顾，但我发现它并不属于这里。它来自与这块大陆隔海相望的长白云之乡。也许是往来两地的旅客，将它带至此处。它在这里没有同伴，一定会非常寂寞吧。所以，希望你们能够帮忙，将它送回故乡。”

“长白云之乡？哪里会有这么诗意的名字？”丫丫一脸憧憬。

“长白云之乡是新西兰的别称。而老人怀中的这只鸟，则是新西兰的国鸟，名字叫几维鸟。”卡尔叔叔指了指小鸟的身体，“这种鸟很有特点啊，它们的翅膀退化了，所以看不到翅膀，它们的嘴巴又细又长，最主要的是，它们非常胆小。”两个孩子靠近看，吓得小几维鸟使劲往老人怀里钻。

“它出现在澳大利亚的大陆上，没有同伴不是最可怕的，最可怕的是这里处处是天敌。”

老者点了点头，说：“它的故乡没有蛇，这里却遍地是蛇。”

“天哪，留在这里一不小心就会被吃掉吧！卡尔叔叔，这个忙我们一定要帮。”两个孩子一脸不能推脱的认真表情。

就这样，卡尔叔叔一行人坐上了轮渡，继续向澳大利亚的东南方向行驶，去往新西兰——几维鸟的故乡。

不飞鸟的天堂

“卡尔叔叔，您刚才说，新西兰没有蛇？”洋洋一脸怀疑地问。

“确实没有，这是一件很奇怪的事。不过也不是没有原因，新西兰是个多火山喷发的岛国，地表除了火山灰就是火山岩，里面含有很多硫黄，这个特殊的地理环境，蛇很难活下去。而且，一亿年前，新西兰就从大陆中分离出去，那个时候，我们现在常见的凶猛野兽，还没有进化出来呢。”卡尔叔叔解释道。

“那现在人们来来往往，难道就没有人把蛇带到新西兰吗？”丫丫问。

“丫丫问得好，这也是我想说的，随着地球上各个地区的互联互通，我们要非常小心这种联通给生态环境带来的影响。如果在交往中带去了，或带回了当地生物的天敌，这对当地生物来说，是灭顶之灾。新西兰很早就和大陆分离，在这片土地上生活繁衍的动物们哪见过外面的凶恶猛兽啊，遇到了肯定不是对手。所以对外来生物，新西兰有很严格的入境检查，像蛇这种生物是不允许被带进这个国家的。即使不小心被带进来了，人们发现了也会被立即处理掉。”

慢慢地，一块陆地进入了人们的视野，犹如一叶扁舟停泊在南半球的碧海蓝天之中，周围飘浮的白云时聚时散，宛如仙境。新西兰，我们来了。

“哇！长白云是真的！你看这连绵不绝的白云！”丫丫第一次见到这样的云彩，连连惊叹，“这就是新西兰被称作长白云之乡的原因吗？”

“关于新西兰的这个称呼，有两个版本的故事。一个是说毛利人来到新西兰的时候，给它取名为长白云之乡。还有一种说法是，最早登陆澳大利亚的英国船长库克在从澳大利亚往新西兰方向航行时，在很远处就看到了南岛的雪山。刚开始时，他不知道是一个岛屿，就以为是一片片的白云在远方，驶近了才发现原来有一个岛屿，误以为雪山是白云，然后就有了长白云之乡的说法。”卡尔叔叔解释道。

孩子们蹦蹦跳跳地踏上了新西兰。干净的街道上，有的人在漫步，有的人骑着单车，脸上微微泛起的微笑透露出他们对生活的满足。萦绕耳边的笑声与问候，给每一个来到此处的异乡人一种别样的淳朴与安宁。

“这里就是几维鸟的故乡了，但是，我们把它放在哪里呢？我们去动物园问问吗？”

“找一找有没有别的几维鸟，我们把它们放在一起！”

两个孩子你一句我一句地讨论着。一行人在街上慢悠悠地走着，每走到一个花园，就会停留寻找。但是这一路走来，一无所获。

正当三个人东张西望的时候，一个浑厚的声音从后面传来：“你们在干嘛！”吓得三个人一跳三尺高。

一个胖胖的警察站在他们面前，表情严肃认真：“你们拿着什么！？”询问中带着呵斥，伸手去掀笼子上的布。

“不可以，几维鸟的眼睛怕阳光。让它接触阳光可能会失明的。”卡尔叔叔赶忙阻止。

“什么！你们是抓几维鸟的！好呀，你们敢抓我们的国鸟，跟我去警察局吧！”警察怒声呵斥！

“误会误会，警察先生……”情况紧急，卡尔叔叔连忙解释这只几维鸟的来龙去脉。

听完卡尔叔叔的解释，警察找到一处咖啡厅，检查了笼中的小家伙，半信半疑地打量着他们。但是这三个人诚恳的眼神，和刚才对这只小鸟爱护有加的反应，最终让警察相信了他们，决定帮一帮他们。

“你刚才也说了，这鸟的眼睛怕光，那它们当然不会白天出来啦！”警察一脸无奈地说。

“哎呀！”三个人都恍然大悟。

“这附近其实有很多几维鸟，它们喜欢夜晚出来找吃的，白天住在洞穴里。外面这条路的尽头有一片树林，晚上你们去那里把它放生就好。几维鸟喜欢群居，瞧这小家伙寂寞的。快让它去找同伴吧，然后找一个伴侣，一生一世幸福下去。”警察一改刚才的怒色，充满怜爱地逗着笼中的小毛团儿。

“一生一世？”丫丫觉得浪漫极了，“这种鸟也有人类的海誓山盟吗？”

“嗯，几维鸟可是一夫一妻的鸟呢！”卡尔叔叔回答说。

“不过新西兰的鸟儿真奇怪，翅膀居然退化了。”洋洋推推眼镜说。

“还别说，新西兰可是这种不会飞的鸟的天堂。在三百多万年以前，这里还有一种名叫恐鸟的巨型鸟，高度可达三米呢！现在的鸵鸟站在它的面前，也是鸟宝宝。”警察叔叔一边说着一边比画，“但是由于自然环境的变化，疾病蔓延，人类捕杀，这种鸟在19世纪50年代就灭绝了。”说到这里，他的眼睛里闪过一丝遗憾。

恐鸟

卡尔叔叔点点头：“其实新西兰由于过早地脱离了大陆，它的自然环境不仅古老，而且脆弱，任何新来的事物，都有可能给这里的自然环境造成沉重的打击。自从人类开始在新西兰定居以来，短短1000多年的时间已经使许多原生物种消失了，但新西兰政府加大了保护的力度，情况已经有了很大的改善。”

“所以我看到你们提着奇怪的笼子才特别紧张！”警察叔叔喝了一口果汁，笑道，“职业病，职业病！”

“好可惜，真想看看三米高的大鸟。”丫丫一脸失落。

“小姑娘不要伤心，新西兰还有一种不会飞的鹦鹉哦！”

知识链接——鸮鹦鹉

鸮（xiāo）鹦鹉的翅膀非常短小，又缺少了鸟类控制飞行的身体构造，所以它是世上唯一一种不会飞行的鹦鹉。鸮鹦鹉喜欢吃草，但是它体型肥大而浑圆，既不会飞，胖胖的又跑不快，所以不能在有野兽的地方生活。

鸮鹦鹉

夜幕降临，在警察先生的带领下，他们来到了一片树林，隐隐传来沙沙沙的声响，偶尔会有一两声尖锐的鸟鸣。

“这就是几维鸟的叫声，听起来像不像 kiwikiwi？这就是它们名字的由来。快把它放出来吧！”卡尔叔叔说道。

小家伙走出宠物笼，东瞧瞧西望望，有点胆怯又有点好奇，但听到同伴的呼唤后，试探性地向丛林走去，还不时地回头看看这些送它回家的人们，最终消失在夜幕下的丛林中。

任务完成，一行人有说有笑地来到当地一家餐厅吃饭，翻开菜单，洋洋的双眼闪烁着光芒，欢呼道：“好多用牛羊肉做的美食啊！离开澳大利亚时，我特别舍不得那里的牛排，这次在新西兰又可以吃到了！”

可爱的小羊羔

“除了牛排，新西兰的羊羔肉也鲜嫩无比，不仅受到当地人的欢迎，也受到世界各地人们的欢迎。在中国的很多火锅店，涮羊肉哪少得了新西兰羊羔肉啊。”作为火锅忠实粉丝的卡尔叔叔，肚子里的馋虫也有点不听使唤了。

“我们新西兰和澳大利亚差不多，也有广阔、良好的牧场，畜牧业是我们的支柱产业。新西兰可是世界上人均养羊养牛数量最多的国家！中国可是我们畜牧产品的大客户！”警察先生一边说着一边翻看食谱，“小姑娘，我们这里的乳制品也很好吃，要不要来一块牛奶蛋糕？”

洋洋突然想起之前的一个经历，问道："那在新西兰也会出现羊群堵路这样的事情吗？我们在澳大利亚就遇到了，如果不是有帅气的牧羊犬，我们就被淹没在羊毛的海洋里了。"

"那是当然，除了羊群堵路，在牧场，经常可以看到几百头牛在挤奶站自动排队等候机械挤奶的场景。"警察叔叔装出奶牛的样子，开玩笑地说："嘿，前面的能快一点吗？"

新西兰发达的畜牧业

"哈哈哈，想想都觉得壮观啊……"洋洋和丫丫笑道。

课后思考

1　说一说为什么新西兰有这么多不会飞的鸟。

2　你对新西兰政府严格管制外来动物入境，有什么想法？

第七课　长白云之乡——新西兰（二）

“火环”上的国家

温暖的晨光唤醒了睡梦中的三个人，新西兰的清晨明亮清新，洋洋伸了伸懒腰，旅馆窗外的景色吸引了他的注意。

“吞云吐雾”的火山

“丫丫，快看，我觉得新西兰被叫作长白云之乡，不仅因为雪山远看像长白云，还因为这里的雪山可以制造白云。”洋洋指着远处的山峰。晨光下，可以看到一串烟雾从那个岛屿的山顶处冒出。

卡尔叔叔手里拿着地图走到了两个孩子面前，用手指着，从南美洲的秘鲁开始，移动到北美洲，经过北美洲与亚洲的交界处，又经过日本和东南亚，最后停留在新西兰，画了一个大大的圈，说：“孩子们，这个大圈，就是环太平洋火山带，又称作‘火环’。新西兰就在这个‘火环’上。”

丫丫指着日本说道：“啊，我们去过的日本也在这个‘火环’上，我们看到了壮美的富士山。”

“没错，富士山是一座火山，你们眼前的这个‘制造白云’的山，也是一座火山，它的名字叫作鲁阿佩胡火山，是新西兰最大的火山。它和富士山一样，都是活火山，不一样的是，富士山近 300 年没有喷发，而眼前这座火山，最近一次喷发就在 10 多年前的 2007 年。在 2012 年，它也险些喷发，当时政府都颁布了登山禁令。”卡尔叔叔找出了当时的新闻给孩子们看。

“天哪，那住在火山脚下的人们岂不是非常危险。”洋洋和丫丫问道。

“根据历史记载，即使鲁阿佩胡火山进入喷发状态，火山喷出的碎片最多落在距离火山口几公里处，依然在火山山体的范围内，而这个区域内并没有人类居住，所以人们的生活不会受到太大影响。火山爆发的巨大力量，既可以让山川河湖面目全非，也可以塑造壮丽奇诡的自然景观。”卡尔叔叔拿出很多新西兰火山的照片，摆在孩子们面前，“正是火山，赐予了新西兰丰富的旅游资源，喷涌而出的火山喷泉，暗暗涌动的火山泥塘，都能让我们感受到地球深处的脉搏。你们看到的腾起的白云，其实是地热蒸汽。”

洋洋满怀憧憬地问：“我们可以去看看火山吗？”

鲁阿佩胡火山壮丽的火山风光

卡尔叔叔摇摇头说道：“虽然火山攀岩一向是这里很有人气的旅游项目，但是火山会冒出大量的刺激性气体，对小孩子身体不好。”

看着洋洋和丫丫面露失望之色，卡尔叔叔思考了一会儿，突然眼前一亮，说道：“对了，新西兰还有一个地方和火山有关，但是那里并没有腾起的蒸汽和遍地的火山灰，那里到了春夏时节，是一片茵茵青草，是古代新西兰原住民的家园。”

火山上的家园和喜欢文身的民族

整理好行囊，卡尔叔叔一行人出发了。他们来到了新西兰北岛最大的城市奥克兰，它是新西兰重要的港口城市。在新西兰的海岸线上不乏优良的港口，奥克兰港就是其中之一。得天独厚的条件，使得这里的人们非常喜欢扬帆起航，大约每 11 人便拥有一艘帆船或游艇，海上用品商店遍布城市的角落，因此奥克兰有了“千帆之都”的美誉。每年一月，在怀特玛塔港举行的帆船竞赛，千帆竞发，更是奥克兰城的一大盛景。

怀特玛塔港

明媚的阳光下，卡尔叔叔享受地说：“奥克兰人非常热衷于3B活动，就是海滩（Beach）、烧烤（BBQ）和划船(Boating)。”

一行人来到奥克兰的一处公园，在一个山丘前，两个孩子突然来了兴致，想要比试比试谁最先爬到山顶。卡尔叔叔一声口令，两个小孩拔腿向上冲。

洋洋跑在前面，到达山顶的刹那，应该庆祝的他，居然发出了一声惊呼：“你们快来看，居然是个大坑，长满草的大坑。”

火山锥

卡尔叔叔追了上来，气喘吁吁地说：“这里是奥克兰火山锥公园，你们眼前的这个大坑，就是火山锥。它是火山喷出物在喷出口周围堆积而成的山丘。奥克兰这座城市地处大片火山区之中，在过去的14万年里，已经产生了约53座火山锥。”

“也就是说我们现在站在火山口处，岂不是很危险啊！为什么还要把这里开辟成公园？”丫丫担心地问。

“岂止是建公园，我们现在登上的火山锥，300多年前还有人住在这里呢！”卡尔叔叔说，“当时住在这里的人，就是新西兰的原住民——毛利人。他们修

建起了梯田、储藏食物的地窖和居住的房屋。改变了火山锥的自然面貌，也给后人留下了丰富的历史遗址。”

“他们真勇敢，我们现在还可以看到毛利人吗？”丫丫问道。

“当然，毛利族现在依然在新西兰生活，英语和毛利语，都是新西兰的官方语言。奥克兰火山锥公园有毛利族民俗馆，我们去看看吧！”卡尔叔叔牵起洋洋和丫丫的手，走进了毛利人的故乡。

毛利战舞

公园中广播着关于毛利人的介绍：“大约在1000年前，毛利人由太平洋中部的岛屿乘木筏迁徙至此，并在此定居。他们是天生的艺术家，尤其对音乐和舞蹈有着过人的天分。他们将舞蹈与热情好客的性格完美结合，每当有远方的客人来访，他们必定要为来宾组织专门的欢迎仪式，男女老幼齐上阵，一边引吭高歌，一边跳起欢迎的舞蹈。和夏威夷草裙舞类似的毛利歌舞，明朗愉快，会让客人忍不住互动，看到客人兴致被点燃，毛利人就会拉起客人一起手舞足蹈。”

听到这里，卡尔叔叔补充道：“说到舞蹈，毛利人有一种非常有名的传统舞蹈，叫作毛利战舞，在很多重要比赛上，比如橄榄球、篮球比赛之前，新西兰队都会跳这种舞蹈给自己加油鼓劲，振作士气。”

知识链接——碰鼻礼

在新西兰，毛利人有一种从古流传至今的十分特别的表示欢迎的见面方式，那就是碰鼻礼。行礼时，主人与客人必须鼻尖对鼻尖，连续碰两到三次甚至更多次，相碰的次数越多，时间越长，代表着礼遇越高。

碰鼻礼

两个孩子在毛利居民遗址之间寻觅，在一个卖工艺品的区域，丫丫拿起了一个小木头，说："这小木头人雕刻得多么细致啊，上面的花纹好精美。"

毛利人木雕艺术

"在来的路上我也注意到了，新西兰人非常喜欢用雕刻来装饰自己的房子，在屋檐上、柱子上都可以看到，就是木雕上人物的样子有点可怕。"洋洋回忆道。

"是的，这里的木雕也是毛利的文化特色，我们在独木舟上、城市村庄的入口处、集会场所前面及周围等，都能看到木雕艺术。木雕已经融入了毛利人的生活，他们借此来表现宗教、信仰和日常生活。"卡尔叔叔解释道。

"听说毛利人的祖先是很久很久以前从我国台湾省迁移过来的！"洋洋说道。

卡尔叔叔点点头，说道："那要追溯到 4000 多年前了，根据新西兰官方文献证明，毛利人是从我国台湾迁出的原住民。而且，两个地方在传统上的渊源还有迹可循。在工艺品、建筑结构和生产捕猎工具上，都有很多相似的地方。"

丫丫摸着木雕的脸庞，感受着精致的纹路，问道："为什么木雕上的人物脸上都有花纹呢？"

"这也是毛利人习俗，叫作文面。"卡尔叔叔说着，四处找了找，"你看那边那个女士。"

两个孩子循着卡尔叔叔的目光望去，只见一家毛利特色餐厅里忙碌着的服务员

文面艺术

下巴上，有黑色的花纹。

“你们看到了吗，那就是毛利族一种专属于女性的面部文身。”卡尔叔叔解释道。

知识链接——毛利族文身

文身是毛利族古老的传统，人们认为文身可以让自己达到更高的精神领域，从而接触到部族的祖先，脱胎换骨成为一个全新的人。这些文身往往是毛利各部族传承不息的象征。同时，它又是社会地位的象征，一般在部族中位高权重的人都会文身，没有文身的人会被认为是没有社会地位的人。

面部文身还会增加对异性的吸引力。女性文身一般文于唇下，是长大成人的标识。男性文身一般是整个面部，是勇气的象征。

这时丫丫突然想起什么，说道：“卡尔叔叔，我们在国内旅行的时候，还记得有个少数民族也有很多文面的老奶奶！那个民族叫黎族！”

卡尔叔叔点点头，说道：“没错，文面不仅仅是新西兰毛利人的传统，在我国的黎族，女孩子到了18岁就要由族里德高望重的老人为她文面绣身。这样做的目的是保护女孩子不被外族部落的人抢走，在她们眼里，纹路越多，越复杂，人越漂亮。不过这个习俗在现在的黎族年轻人当中已经慢慢消失，所以当时我们看到的文面的都是老奶奶。”

在餐厅饱餐一顿之后，卡尔叔叔拿出了电脑，随着护送小几维鸟回家的任务的结束，新的征程又要开始了。

课后思考

1 结合第六课，说一说新西兰在地理上有什么特点。

2 说一说书中提到的毛利族的风俗都有哪些，你还知道哪些毛利族的风俗？

第八课　寻找七色海——太平洋的美丽岛国（一）

飞机在茫茫的南太平洋上飞行，广阔的海洋让人们眼阔心宽，但也正是这种无边无际让洋洋有些不知所措，他回想着谜题上的文字，毫无头绪。

“在南太平洋上，有一片七色的海洋，那里可以让你领略大海的神奇变幻与妩媚多姿。去寻找吧，为这次探秘之旅画上一个七彩的句号。”

探秘之旅接近尾声，洋洋和丫丫都非常期待这最后的一程，但是，放眼望去只见一片碧蓝的汪洋，要去哪里找谜题中所说的七色的大海呢？

日出王国的奇遇——汤加

飞机下降而带来的震动惊扰了睡梦中的孩子。丫丫揉揉眼睛，半梦半醒地望向窗外，仿佛梦境一般的绿色小岛出现在她的眼前。

丫丫兴奋地叫道：“好漂亮的小岛，咦，不是一个，哇！好多小绿岛！”

“那就是接下来我们要去的国家，在这个国家的东边，有一条线，这条线的这边是今天，另一边是昨天。你们知道这是什么线吗？”卡尔叔叔问道。

“我知道，这条线叫国际日期变更线！”

洋洋抢着回答。

“没错，这个国家在这条线的西边，是离这条线最近的国家！因此，这个国家是世界上第一个迎接新的一天的国度。”卡尔叔叔继续说道。

“这个国家叫什么名字呀？”丫丫问道。

海水拍打珊瑚岛

“这个国家就是汤加王国。正如你们现在看到的，这个国家由173个岛屿组成，其中36个有人居住，大部分为珊瑚岛。”卡尔叔叔回答。

俯瞰汤加，蓝白色的浅滩连接着绿荫密布的小岛，在蔚蓝的大海中，宛如一条绿宝石项链，闪闪发光。

知识链接——国际日期变更线

为了全世界方便计算时间，人们将太平洋中的180°经线作为地球上“今天”和“昨天”的分界线，不过为了避免一个国家出现两个日期的情况，这条线会绕过在180°经线穿过的地区，并不和180°经线完全重合，因此这条线是一条折线。按照规定，凡越过这条变更线时，日期都要发生变化：从东向西越过这条界线时，日期要加一天；从西向东越过这条界线时，日期要减去一天。

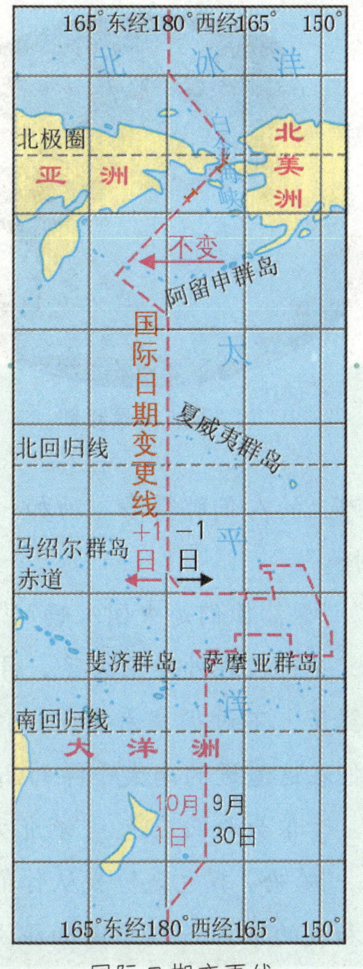

国际日期变更线

“不过，我们今天到汤加的日子可不太巧，别说遇到知道七彩海洋的人，可能连当地居民都很难遇到。”卡尔叔叔有点担心地说。

“为什么呢？今天是什么日子？”两个孩子问。

“今天是星期日，是基督教做礼拜的日子。汤加是基督教国家，大部分汤加人是很虔诚的教徒。在这一天，人们要停止工作，虔心礼拜上帝，保持圣洁。汤加的法律规定只有宾馆内的餐厅和旅馆可以在周日营业，其他商品交易活动都是禁止的。如果没有重要的事情，汤加人一般是不出门的。”卡尔叔叔回答道，“不过这么漂亮的地方多留几日也无妨。”

一行人到达汤加后，情况却不像卡尔叔叔说的那样，本以为会冷冷清清，结果海滩上不仅有晒日光浴的人、打沙滩排球的人，还有拿着冲浪板踏浪归来的人。

“卡尔叔叔，您记错了吧？您看，人们这不都出来玩了？”丫丫指着沙滩

汤加新娘新郎

上的人群笑着说。

卡尔叔叔摇摇头："他们一看就不是当地人。"

"卡尔叔叔，您怎么知道的？汤加人很有特点吗？"洋洋好奇地问道。

卡尔叔叔笑道："那是，汤加是个以胖为美的国家，所以汤加人的身材丰满富态，特别是女人，只有胖到一定程度才能嫁得出去。所以汤加人绝对比沙滩上的人们胖得多。汤加一直重点发展旅游业，所以来这里旅游的人多也不奇怪。"

"嘿，你们是中国人吗？"

一行人在外漂泊久了，耳边突然传来熟悉的语言，他们惊讶地以为是自己听错了，不过循声看去，一位中年男子温和地笑着，熟悉的面孔让他们坚信，他们在这遥远的南太平洋的岛国上，遇到了自己的老乡。

卡尔叔叔回应道："我们是中国人，你也是吗？真的太巧了。"

"哈哈，我也是！我从你们身边经过，听到了中国话，就想和你们打个招呼。我和我的家人一起来汤加旅游，别说，这一路还真的遇到不少中国人。"中年男子说道，"现在汤加是热点旅游城市，很受欢迎的咧！你们也是来旅游的吗？"

丫丫在卡尔叔叔身后伸出脑袋说道："我们一边旅游，一边寻找一片七色海洋，叔叔您知道这附近有七色海洋吗？"

中年男子思考了一会儿，摇摇头说道："这我还真没听说过，说起海洋，汤加也有一件和海洋有关的、比较神奇的事情。"

"什么？"两个孩子异口同声地问道。

"每年的6月，是汤加的观鲸月。一些座头鲸会从极地游到这附近的海域，它们会在这里停留到10月，在这期间，人们可以潜水和它们一起游泳嬉戏。这也是我这次来这里的主要目的，和地球上的古老生物一起畅游大海，听它们美妙的歌声，一直是我的梦想。"中年男子回答。

虽然没有得到七色海的消息，一行人的汤加之旅却也不是毫无收获，星期一的清晨，就在一行人在餐厅补充能量、准备继续踏上征程的时候，无意间听到的一高一矮两个当地人的谈话，给了他们很大启发。

“嘿，你大包袱小包袱的，这是要去哪里？”矮个男人问。

海中观鲸

“我要沿着赤道一直往西走，去太平洋西边的一个小岛上潜水。”高个男人回答道。

“怎么，咱们的海这么美丽，还不能满足你吗？”矮个男人又问。

“我要去的那个小岛的海可不一般，那里的海是世界上最纯净的海，那儿的海水在阳光照射下，可以呈现出七种色彩！而且这个岛坐落在东南亚的入口处，我可以顺便去东南亚的国家旅游。”高个男人一边收拾着东西一边说。

听到这里，洋洋激动地碰了碰卡尔叔叔，卡尔叔叔做了一个“嘘”的动作，示意孩子们继续听下去。然而不巧的是，两个当地人一边交谈着一边走出了餐厅。

“卡尔叔叔，您说他们口中的海是不是我们要找的？真可惜啊，没有听到名字。”洋洋望着他们远去的背影，心想要不要追上去问问。

卡尔叔叔安慰说：“没有关系，我们已经知道了很多，赤道附近，西太平洋，东南亚的入口，凭着这些信息找找看吧！”

鱼之岛，糖之国，花之都——斐济

海平面上，一轮旭日升起，温暖的晨光叫醒了熟睡的孩子。“卡尔叔叔，我们这是到哪儿了？离目的地还有多远？”丫丫打着哈欠问道。

“离东南亚的入口还远着呢，不过你看窗外，”卡尔叔叔指指外面，说道，“我们现在到了南太平洋的十字路口——斐济。”

两个小孩趴在邮轮的窗户上往外看，这个国家在外表上看起来和别的岛国并没有什么不同，美丽的沙滩，郁郁葱葱的热带雨林，但在地理位置上这里却是如此特殊。它位于西南太平洋中心，由332个岛屿组成，180°经线穿过这片岛屿群，你既可以说它是最东边的国家，又可以说它是最西边的国家。

斐济风光

此时，当地盛行的东南信风带来了南半球的凉爽，将赤道的酷热扫去大半，两个孩子站在甲板上欣赏着旭日东升的壮丽美景，洋洋突然指着远处海面上粼光闪闪之处，高声喊道：“卡尔叔叔！快看！鱼儿跃出海面了！”

丰富的鱼类资源

“哈，在这里并不稀奇，斐济这个地方有很多鱼，尤其是盛产金枪鱼。自古居住在岛上的斐济人就有一种神秘的传统仪式，仪式中人们诵唱的古老歌谣，可以把深海的鱼儿唤到水面，方便捕捉。”卡尔叔叔说道。

“那鱼儿可要躲着这个地方走，以免被歌声吸引成为人们的盘中餐。”丫丫突然有点同情现在还在海中雀跃的鱼儿。

卡尔叔叔笑着说道：“斐济人虽然捕鱼，但是斐济又被称作鱼儿的天堂，这里拥有300多个大小不一的岛屿，都被环状的珊瑚礁包围着，水质纯净，温暖适宜，食物丰富，数不清的美丽的热带鱼在这里觅食产卵。无数奇形怪状、色彩斑斓的海鱼在水里游来游去，将大海搅得五彩缤纷。”

色彩斑斓的热带鱼

“那一定是很奇妙的景色啊，那这个国家是不是也和汤加王国一样，吸引了很多中国人来这里旅游呢？”丫丫问道。

“没错，旅游业是斐济非常重要的产

业之一，美丽的热带风光加上这里便利的交通，成为人们旅游的首选。不过，这个地方经常遭遇风暴袭击，人们也经常因此遭受损失。不过今天是个好天气，我们下船走走吧！”

邮轮驶入港口做短暂停留，一行人抓住机会，轻装下船，去感受一下斐济的风土人情。

“卡尔叔叔，您看那里的人们，一大早忙忙碌碌地搬运着什么？”洋洋问道。

“那是蔗糖，斐济可是历史悠久的糖之国哦！”

知识链接——糖之国

1874年，斐济成了英国的殖民地，两年后英国“殖民制糖公司”派遣了很多工人到此种植甘蔗，慢慢地制糖工业就发展起来了，糖制品也成为斐济主要的出口产品。

“我们中国也来这里买糖吗？”丫丫问道。

“我国主要买的是斐济的鱼和木材。比起买这儿的东西，我国更多的是把产品卖给斐济，比如电子产品、机器设备。而且最近几年，我们国家给予斐济很多帮助，帮着他们建设城市和家园。”卡尔叔叔说着，把包扛在肩上，“走，我们去附近的商店看看有没有好玩的土特产。”

三个人在港口附近的购物街四处转悠，阳光下，斐济人巧克力色的皮肤闪烁着健康的光泽，每个人脸上都挂着大大的笑容。一行三人无不被热情爽朗的斐济人打动，心情好极了。

丫丫也兴奋地看着来来往往的人群，“卡尔叔叔，斐济女人的裙子好漂亮，上面有好多美丽的花。啊，那个人居然还带着花环，难道有庆典吗？”

“斐济有很多鲜花，佩戴鲜花也是斐济人的传统之一，不论男女，都喜欢鲜花加身。据说，把花戴在左边是表示未婚，把花戴在两边则表示已结婚。鲜花中，斐济人最喜欢的是红色扶桑花，这也是斐济的国花。每年的8月中旬还会举行为期一周的红花节，红花就是扶桑花，节日期间岛民举行化装游行来选举红花皇后。”卡尔叔叔解释道。

戴红色扶桑花的男人

“斐济真是个爱花的国家，说它是花之都一点都不为过。我想买一条花裙子，还想买一顶花帽子，这里的阳光实在太好了，但是好晒啊！”丫丫眯着眼睛说。卡尔叔叔思索了片刻，说：“花裙子不难买，但是花帽子这里可是买不到的……在斐济，有两个非常重要的和头有关的传统，第一个是只有每个村的村长才能戴帽子，一般人不允许戴帽子，第二个是不能摸斐济人的头，这对他们来说，是极大的不尊重。”

爱花的斐济人民

“我知道了，入乡随俗！哇！那个裙子好漂亮。”丫丫一脸羡慕地看着迎面走来的体态丰满的斐济女人，这个女人似乎听到了赞美，报以热情明朗的笑容。

一直默不作声的洋洋问道：“斐济是不是也有以胖为美的风俗？”

卡尔叔叔点点头，说：“还真被你说对了，在斐济，丰满也是富足、地位、身份的象征，甚至有的人因为不够胖，而在腰上缠上厚厚的棉布呢！”

斐济橄榄球队

“那斐济人是不是不热爱运动啊？斐济有运动员吗？”丫丫问道。

“斐济当然有运动员啊，而且橄榄球是这里非常流行的运动，斐济橄榄球队还在2016年

的里约奥运会夺得男子7人制橄榄球的金牌。这是斐济代表团历史上的首枚奥运金牌。”卡尔叔叔颇有感慨地说着，“这一枚奥运金牌，对于一个人口仅有90万人，而且在同年2月刚刚遭受了飓风袭击的小国家而言，是足以载入史册的。这个国家的运动员，能够站在奥运会的赛场上，并且依靠自己的努力拿到一枚男子集体球类项目的金牌，已足以令人肃然起敬。橄榄球对于斐济人的意义，已经远远超过了一项单纯的体育运动，斐济橄榄球的兴盛，正体现了他们对体育的尊重和热爱。”

在斐济停留的时间短暂，但是快乐，丫丫在船上穿上她新买的花裙子，戴着大花环转圈圈，引来游船上其他游客驻足欣赏。没过多久，邮轮缓缓驶离斐济，鱼儿又跃出水面，在游轮后追随着。接下来，轮船要随着赤道暖流一直西漂，等待他们的又会是什么呢？

课后思考

1 说一说汤加和斐济有什么民俗传统。

2 在地图上查一查，为什么说斐济是南太平洋的十字路口？如果有机会去斐济旅游，你想什么时候去？

第九课　寻找七色海——太平洋的美丽岛国（二）

邂逅世界上最小的岛国——瑙鲁

“孩子们，快醒醒。”卡尔叔叔摇醒了还在睡梦中的孩子，说道，“我们又到了一个国家了。”

孩子们揉揉眼睛望向窗外，轮船正在接近一个小绿岛，有多小呢？视野范围内就能涵盖这个岛的两端。

“这么小的一个岛，没想到居然是个国家。”洋洋一边收拾行李一边说，“这是哪儿？”

“这里是瑙鲁。我们知道，世界上面积最小的和第二小的国家是位于欧洲的梵蒂冈和摩纳哥，瑙鲁则是世界上面积第三小的，只有21.1平方千米。它的形状近似于椭圆形，就像一片荷叶，漂在茫茫的太平洋中。如果我们绕着它的海岸线走一圈，也只不过需要一天半的时间。”卡尔叔叔说道，“而且，不同于梵蒂冈和摩纳哥与陆地相连，瑙鲁则是一个岛国，而且还是建立在珊瑚岛上的，所以又被称为无土之邦。”

“珊瑚？！我们在澳大利亚看到的美丽珊瑚？他们怎么忍心在这上面建房子！”丫丫有点惊讶地说。

洋洋赶忙说道：“不不不，珊瑚岛呢，其实就是珊瑚虫遗骸堆筑的岛屿，我们国家南海的很多岛屿也是珊瑚岛，比如西沙群岛、南沙群岛等。”

随着船的靠岸，一行人登上了瑙鲁国，可眼前的一切，却让两个孩子大为诧异。

“卡尔叔叔，这里的人怎么这么少？”丫丫问道。

洋洋环顾四周，说：“怎么有种人去楼空之感，我本以为这里会很繁华呢。”

“这个岛上生活的人其实还不到一万人。大部分是瑙鲁人，一部分欧洲人、菲律宾人，还有华人。”卡尔叔叔望着眼前的街景若有所思地说，“这里曾经确实很繁华，大自然曾经极其宠爱这个地方。”

“为什么这么说？”丫丫问道。

卡尔叔叔回答道：“千万年来，有数不清的海鸟来到这个小岛上栖息，在岛上留下了大量的鸟粪，经年累月，鸟粪起了化学变化，成为一层厚达 10 米的优质肥料，人们称之为‘磷酸盐矿’，全岛五分之三被这种磷酸盐所覆盖。凭借出口这种珍贵的‘鸟粪’，瑙鲁一度成为世界上的富裕国家。拥有‘鸟粪财富’的人们也是幸福的，他们用金钱雇来世界各地的劳工为他们开采矿藏，然后自己享受由此带来的利润福利，生活平稳富足。然而，他们并没有预料到这一天——磷酸盐枯竭的到来。”

丫丫看着路边杂乱堆着的一些废弃的铁制工具，似乎还能感受到当时热热闹闹的开矿场面。

卡尔叔叔继续说道：“二十世纪七八十年代的大量开采，已经让这个国家的资源基本上枯竭了。在有些地方，瑙鲁的地面只剩下了光秃秃的石柱，看起来像月球一样荒芜。”

听着卡尔叔叔讲述瑙鲁的故事，两个孩子都若有所思。这一路走来，他们遇到了不少矿产资源丰富的国家，看到了丰富的资源给这些国家带来的财富。在旅途即将结束的时候，他们邂逅了这样一个资源枯竭的国家。他们突然明白了，大自然赐予人类的宝藏并不是永无枯竭之

瑙鲁

日，只有合理地利用，不过分依赖，才能让这份大自然的福泽滋润我们的子子孙孙。

一行人在瑙鲁并未久留，日落之时，他们登上了邮轮。汽笛鸣响，孩子们最后望了一眼在夕阳暖橘色余晖中越发显得寂寞的国家，继续着他们的寻找七色海之旅。

帕劳归来不看海

就这样顺着洋流一直西漂，洋洋总是在天气晴朗时拿着望远镜四处寻找，希望找到颜色不同于其他地方的大海，但是茫茫一片海蓝让他连连叹气。真的可以找到七色海吗？就在洋洋一筹莫展之际，望远镜里渐渐出现了一片绿色的小岛。

“卡尔叔叔，前面有很多岛屿，我们是不是又到了一个国家？”洋洋一边说着，一边把望远镜递给卡尔叔叔。

卡尔叔叔望了望，说道：“没错，我们到帕劳了，如果我没有猜错，七色海应该就在这里。”

“哦？为什么这么肯定呢？”丫丫好奇地问。

“还记得我们在汤加听到的‘东南亚的入口’吗？帕劳就是太平洋进入东南亚的门户之一。”卡尔叔叔拿出地图，铺在两个孩子面前，继续说道，“我们现在所在的地方你们一点也不陌生，甚至经常在电视里听到。”

“为什么这样说？帕劳这个国家，我第一次听说。”丫丫看看洋洋，说道，洋洋也表示不太了解。

“但是你们一定经常听到‘菲律宾以东洋面形成的台风正在向西移动’这句话。”卡尔叔叔回答道。

“嗯？”洋洋确实觉得熟悉，努力想着在哪里听到过。

丫丫突然笑了起来：“哈！天气预报！在预报台风、飓风的时候，经常听到这句话。”

“没错，这里的以东洋面指的就是帕劳及其附近海域。”卡尔叔叔说。

“帕劳原来在这里啊，不过，难道七色海会在这种台风形成之地吗？”两个孩子迷惑地问道。

“这也是帕劳附近海域的神奇之处，虽然它酝酿着狂暴的灾害性天气，但

是表面上看起来却经常是波澜不兴，风平浪静。这里没有遭受过工业的污染，纯净的海水清澈透亮，在阳光的照耀下，海底的美景一览无遗，仿佛人间天堂。”卡尔叔叔解释道。

清澈的海水

邮轮慢慢驶入港口，大家渐渐看清了帕劳真实的样子，原来远处看到的一个个香槟色的小岛，其实都是浸没在海水中的。这里的海太清澈了，清澈到仿佛不存在，清澈到给人一种错觉，在海上浮水的人们、漂浮着的小船，仿佛飘浮在空气中。

岛上游人如织，人们在沙滩上悠闲地散着步，享受着松软的沙滩，拿着冲浪板的年轻人一个冲刺奔向大海。

“真是人间天堂般的地方。”两个孩子感叹着，深深地呼吸了一口新鲜空气。

在欣赏帕劳美景的时候，卡尔叔叔将帕劳的历史娓娓道来：“400 多年前，帕劳的居民过着与海为伴的生活。1710 年，西班牙的探险家发现此地，但直到 18 世纪末，欧洲人才开始涉足这片海上天堂。接下来，帕劳这个国家的身世颇为坎坷。”

“坎坷？为什么这么说？”洋洋问道。

二战遗址

“欧洲人的到来伴随的是殖民占领，起初帕劳是被西班牙占领，但只过了十几年，西班牙就把它卖给了德国，之后，在第一次世界大战中，这里又被日本占领了。”卡尔叔叔解释道。

“没想到帕劳居然被这么多国家占领过。”洋洋说道。

“嗯，与这些相比，最残酷的事发生在第二次世界大战中。当时，这里爆发了贝里琉岛战役，历时两个多月，鲜血染红了清澈的大海，天堂美景变成了人间地狱。”

知识链接——贝里琉岛战役

沉入海底的战机

在帕劳群岛之中，有一座叫作贝里琉岛的岛屿。第二次世界大战中，美国和日本在这里打响了贝里琉岛战役（1944年9月15日—11月27日）。这是二战时期美国和日本在太平洋战场上爆发的最为激烈的一场战斗。虽然最后美军获胜，但这场战役耗时之长，伤亡之大，物资消耗之严重都达到了前所未有的水平。据统计，这次战役中美军伤亡万余人，日本死亡10 000多人，再加上贝里琉岛的战略价值并不是很高，因此这场战役至今饱受争议。

在第二次世界大战之后，帕劳人民开始了漫长的争取独立之路。终于，在1994年，帕劳共和国宣告成立。

“真没想到，这片小岛，居然有如此之多的经历。”洋洋说着，拿着望远镜四处张望，“七色海在哪里呢？”

正在这时，一伙亚洲面孔、肩扛摄像机的年轻人进入三人的视野，当然，真正吸引他们的目光的，还是团队中长相俏丽的女孩，还有熟悉的语言——汉语。

孩子们激动地跑到那一队人身边，问道："大哥哥大姐姐，你们是中国人吗？你们这是来帕劳拍电影吗？"

"小朋友们好，我们来自中国台湾，来这里拍广告的！传说帕劳的海水景观举世闻名，很多广告商都来这里拍摄广告，我们也是慕名而来的呢！你们呢？"队伍里的一位哥哥说道。

"我们是来寻找传说中的七色海的。"两个孩子齐声说道。

"哦？七色海？那你们找对喽。帕劳的海水不仅清澈透明，更值得一提的是造型奇特、变幻多姿的海底景观，有的地方是暗黑色的礁石，有的地方是色彩斑斓的珊瑚，还有的地方海底则铺着浅黄色的沙砾，最值得称奇的是，在丛林里，还有一片牛奶湖。"另一位扛着摄像机的哥哥说道。

知识链接——帕劳奇景

牛奶湖虽然叫作湖，但是它其实是一众小岛之间的小小海域。这个地方在古代是个火山活动频繁的区域，火山喷发后火山灰沉积湖底，形成厚厚一层火山泥，奶白色的，很像牛奶。这样的火山泥透过蓝绿色海水，整个牛奶湖，就变成了奇异的奶绿色。

牛奶湖

水母湖是一种由于特殊的地理条件而形成的特异的自然现象，地球上只有两处，一处在帕劳，还有一处在印度尼西亚的卡卡班岛。水母湖中的水母没有天敌，渐渐地它们用于防御的毒素就退化了，变成了非常可爱的小生物，在清澈的海水中，微弱地闪着橘色的光。

水母湖

"帕劳这里的七彩大海啊，是你想象不到，甚至无法形容的七彩。似乎这个世界上所有的斑斓，都被清澈的海水毫无保留地映上了海面。"美女姐姐补充道。

“听起来太美妙了！”卡尔叔叔叫醒了沉醉在幻想中的洋洋和丫丫，“孩子们，百闻不如一见，我们快去这些地方看一看吧！”

也许是大自然的调色盘打翻了，这些人类无法调配，甚至无法命名的颜色才会出现，把这西太平洋一隅渲染得如此烂漫，如此美妙。孩子们欢快地按动着相机，收集着大自然这位艺术家调配出来的色彩，黑色的、黄色的、白色的、蓝绿的、浅蓝色、深蓝色、金色……直到忘记了数目，美丽的帕劳，给大家的旅程，画上了一个绚丽多彩的句号。

课后思考

1 瑙鲁国的现状给了你怎样的思考？

2 在地图上找到帕劳，说一说帕劳都有什么奇景。